爱情不是纯净物

莫奈◎著

——讲述不一样的恋爱、婚姻与法律

中国商业出版社

图书在版编目(CIP)数据

爱情不是纯净物 / 莫奈著 ——北京：中国商业出版社，2018.1
ISBN 978-7-5208-0079-2

Ⅰ.①爱… Ⅱ.①莫… Ⅲ.①婚姻法—案例—中国
Ⅵ.①D923.905

中国版本图书馆CIP数据核字（2017）第236257号

责任编辑：王彦

中国商业出版社出版发行
010-63033100　www.c-cbook.com
（100053 北京广安门内报国寺1号）
新华书店经销
北京京华虎彩印刷有限公司
*****
710毫米×1000毫米　1/16开　17印张　198千字
2018年1月第1版　2018年1月第1次印刷

定价：39.90元
*****
（如有印装质量问题可更换）

作者简介 AUTHOR

爱情不是纯净物 AIQING BUSHI CHUNJINGWU

莫奈，男，广西桂林人，在广州做律师多年，现在广东江盈律师事务所执业。十多年的法律生涯中，接受无数婚姻爱情咨询，耳闻目睹许多爱恨情仇，也偶有为他们谋划。创作有文化歌曲《我爱木野狐》，虽没经电视传播，但听过、唱过的人次也有上千万。

莫奈新浪博客：http://blog.sina.com.cn/u/1773047954

微信号 mtd415

自序

十几年律师执业，接受无数法律咨询，当然以婚姻爱情家庭方面的最多，他们询问的也不只是法律方面的问题，还有感情、道理和道德上的问题，还要接受弱势一方的诉苦，律师往往还要充当婚恋专家的角色，为其分析指导婚姻爱情，安抚其情绪，都说清官难断家务事，何况我还不是法官呢？

为了能帮助有求于我的人，也为了自己业务上能更进一步，我也阅读有关婚恋方面的书籍。广州图书馆里有关婚恋或两性的书放了两排书架，大约有两三百本吧，基本是婚恋专家或者自称婚恋专家者写作的，他们视角大多相同，很多书内容似曾相识或者大同小异，很多故事也雷同，比如佛教的四个爱情故事。大部分只看序言和目录，少部分基本都一目数行看过，即便看完能让我留下印象的，也就几本书。

在我执业生涯中，太多的人对基本法律常识一无所知或一知半解或想当然。比如已婚人士向我咨询，百分之九十以上都以为"分居两年就自动算离婚"，错误率惊人的高，简单的、条文不多的婚姻法都不愿花时间去看看，浅显的法律规定都搞不明白；有太多的人，都有劝亲友"生米煮成熟饭"、"上了她"的言语，其中就涉及强奸犯罪；有太多的未婚妈妈，打胎的费用男人都不肯承担的；有太多的非婚生子被遗弃或杀死而涉嫌犯罪的；……凡此种种，太多人需要恋爱、婚姻与法律的知识。

因此我就想写一本介绍相关恋爱、婚姻、法律的书，但也不想写成"婚姻法案例分析"、"婚恋法律必读"、"婚恋法律手册"这样形式的书，因为我知道，很多人认为自己不需要了解法律，很多人认为自己还没有遇到"事"，也有些人不耐烦看法律书籍，因为法律书籍一般枯燥，还因为认为出了事随便就能找律师咨询，不用花时间。

怎样才算"为爱殉情"？我的观点与媒体不同；与离异人士结婚有什么法律风险？在所有婚恋书籍中没有专家提及，只有我这里有讲述；恋爱婚姻爱情中必须知道哪些法律知识？其他婚恋专家不会告诉你，而本书有；众多婚恋专家所说的"真正的爱情"，本书认为提法不准确，应当表述为"纯净的爱情"；中国太多的人应当解决爱情"温饱"，而不是图谋婚姻"小康"，不能有太高奢望；爱情受多方面因素制约或影响，爱情＝物质＋感情＋其他。本书无论视角、内容、观点都和其他婚恋专家的不同，因为本书不但谈婚、说爱，还讲法，还因为作者的身份和他们都不一样。

　　本书透视现象说本质，现阶段爱情婚姻的主要矛盾是："成年男女日益增长的择偶要求与落后的社会生产之间的矛盾"。这有助于清晰认识婚姻爱情观，从而做出正确选择。

　　"爱情不是纯净物"，这不是贬义词，在自然界除单质和化合物，都是非纯净物。为何说爱情不是纯净物？爱情和婚姻有法律风险和感情风险，有快乐，也有痛苦，有忠诚，也有背叛，有欢声笑语，也有痛哭流涕，有爱护，也有伤害。

　　本书正视现实，对看重物质的婚恋或者拜金行为没有一概否定，而是正确分析其历史和社会原因，避免空洞和高大上的说教，容易接地气和增加受众。

　　全书文字活泼、自然、不拖沓，仅从各篇的标题就能看得出来，文体为杂文、议论文、散文，偶有爱情诗歌，这明显不同于其它普法书籍文学性、艺术性不强的呆板脸孔，也和有关婚恋的通俗读物不同，能让人记得住、愿意读，诗歌也不是晦涩难懂的朦胧诗，关注民生、接地气，比较为大众喜爱。

　　全书在赞美美好爱情、揭露讽刺批判物化爱情、论述相关爱情观点的同时，自然地引用相关法律规定，不知不觉中普及了法律知识，全书涉及宪法、婚姻法、刑法、合同法、劳动法、工伤条例、保险法、计生条例、妇女权益保护法、反家庭暴力法、教育法、物权法、房地产法、招投标法、公司法、合伙企业法、商标法、专利法、著作权法等二十多部法律法规，其中有百余处涉及相关法律内容或知识点。

　　看了本书，你会觉得法律原来可以不枯燥，原来可以这么有趣。

　　本书可以做为已婚人士了解、认识婚姻、爱情的读物，也是未婚人群进入婚姻爱情市场的指南，更难得的是父母等长辈可以此书送给后辈的成年礼，适合做中学生和大学生的课外读物，这点其他婚恋书籍是无法比拟的。

"落红不是无情物，化作春泥更护花"。同样道理，论述"爱情不是纯净物"，是想更多的人愿意让爱情更纯净、知道如何让爱情更纯净。

基于以上理由，在如林的婚恋书籍中，我这本书应当有其一席之地，也基于以上理由，读者也应当看看我这本书，不是婚恋专家，却著作婚恋书籍，会有何凭依和自信？

莫奈

2017 年 4 月 23 日早晨

推荐序 爱情不是纯净物

爱情不是纯净物？乍一看题目，爱情至上主义者肯定要大摇其头了，甚而至于要把这本书抛到一边。因为这不仅玷污了他们对爱情的美好想象，而且简直是睁着大眼说瞎话——牛郎和织女、董永和七仙女、许仙和白娘子、张生和崔莺莺，这些作者都不知道吗？且慢！这些传说故事的真实性姑且不论，你先把书捡起来，听作者娓娓道来。

织女、七仙女都是仙女，而牛郎、董永都是草民；许仙、张生虽是书生，而白娘子、崔莺莺却是精英和官二代。牛郎、董永、许仙、张生看上她们首先是因为她们漂亮，而织女、七仙女、白娘子、崔莺莺看上他们首先是因为自己不差钱。好了，看我们的作者给出的公式吧：爱情是混和物，爱情≠感情　爱情＞感情　爱情＝物质＋感情＋其他 。

爱情的实质是价值交换、等价交换，而对女方来说，相貌是物质的特殊表现形式。那对男方来说最具核心竞争力的是什么呢？就是房子、车子，就是钻戒、玫瑰！在人类繁衍进程中，婚姻买卖在历史上是一种进步，而彩礼可调节市场供需矛盾。如果说婚姻是一纸合同，那爱情就是标的物或者说是交换的对象，爱情和婚姻具有商品属性！都说男大当婚，女大当嫁，就连鲁迅也曾说过，结婚是性交的广告；就连托尔斯泰在《克莱采奏鸣曲》中借波兹尔德内夫之口说:"嫁人是长期的卖淫"，对现实主义进行批判；虽然不无偏激，却也道出一定的实情。

既然爱情的实质是价值交换、等价交换，那到哪里去实现呢？婚姻市场！有时候起个早五更，赶个晚大集，所以早恋，先到未必先得。但要认清形势，及早规划，准确估分，合理报价。什么叫合理？男人要低一二个档次选择目标，这样才能把握较大并在将来的家庭中拥有一定地位。所以说剩男剩女，剩的原因不一样：剩男大都是最低档，而剩女大都最高档。但东西再好，也有个保质期，所以剩女质高也得随行就市，再不下嫁，就下架了！多婚的人生，是凌乱的；无婚的人生，是残缺的。古语有云，不孝有三，无后为大。你不婚，如何有后呢？对男人是这样,对女人也一样——一朵无果的花是多么让人惋惜！

但从爱情的圣地走入婚姻的殿堂并不是一帆风顺的，也有险滩暗礁，也有伤害，所以恋爱也要先培训，后上岗。恋爱也有纪律，要杜绝恋爱过程中的强奸和流氓行为，失恋了也不要去死，因为爱情不是高于一切。要扩大择偶范围，找到如意心上人，恋爱也要排除属相、星座和旧八字的误导，相对而言，新八字比旧八字有指导意义，不求缘分求爱情，真正做到异性相吸引，同质共珍惜。

而所谓的异性同质就是既门当户对，又有所差距。门当户对就是情投意合，就是等价交换，因为买卖要公平交易，双方自愿，爱情不是你想不买，不买就不买。当然，没有最合适，只有比较合适。而有些相差悬殊的，则必有特殊故事。黑格尔说，存在的就是合理的。这个理，不是伦理上的应然，而是逻辑上的必然。一表人才，玉树临风，年轻有为的汪精卫怎么找了陈璧君？新文化运动倡导者、革命者、博士胡适怎么找了江冬秀？军官学校校长，前途无量，炙手可热的蒋百里怎么找了个日本护士佐藤屋登？欢迎观看本书。还有那个不爱江山爱美人的英王爱德华八世，也被传为美谈。不过话又说回来了，你江山都没有了，还有哪个美人爱你呢？

既然婚姻是个市场，市场就须有工作人员，那做丈夫或妻子就是应聘一份工作。但婚姻作为一份共同的事业却永远在路上。婚姻如棋局，开始几步往往没有错，但后来往往渐行渐远，终至分道扬镳，所以要且行且珍惜。

有个笑话是这样说的：一个古巴人、一个俄罗斯人、一个美国人（身份不明，是老师吧）和一个美国律师同乘一列火车，坐在一起。古巴人抽雪茄，抽了两口就从窗户扔出去了，说，我们国家有的是。俄罗斯人喝伏特加，喝了两口就从窗户扔出去了，说，我们国家有的是。美国人楞了一下，就把那个律师扔出去了。其实在中国，律师不是太多，而是太少了，特别是像莫律师这样的，证据之一就是关注屌丝男和灰姑娘，关注男女比例失衡，关注几千万光棍汉的幸福，关心他们如何回家。他们的爱情或许只能打六十分,但他们的婚姻可以维系百年。恩爱,恩爱,年轻是爱,老来是恩。如果把爱情比作春天许诺,那陪伴就是等待冬天结果。

但爱情不是墨粉,不可以不断填充和复印,往往会随着时间的流逝而褪色。保留一份人生若只如初见的感觉,是难能可贵的。婚姻走在风雨中,而人类的婚姻还处于爱情的初级阶段,主要还是以解决"温饱"为主,要达到"小康",任重而道远。

我和莫律师素昧平生,我们"相识"在一个出版人的QQ群里,竟而一"见"如故,成为"莫"逆之交。莫律师是个有着严格职业操守的律师,又是个有着强烈社会责任感的文人,还是个极具才情的诗人。书中古今中外旁征博引,援引了大量的新闻和案例,有从感情方面的剖析,更有从法律层面的分析和指导,这有助于防范法律风险,这与众多有关爱情婚姻读物的图书不同,并与政治、经济、文化等方面的情况做比附,收到了明白流畅、浅显易懂的效果。莫兄不弃驽钝,嘱我作序。我不胜惶恐,勉而为之,躬逢盛事,与有荣焉。

山东省淄博市周村实验中学　张大炜

(注:其有著作《看了又看》)

2017 年 4 月 19 日凌晨

目录 CONTENTS

第一章 爱情不是纯净物

真正的爱情是怎样的？ / 002

爱情是混合物，爱情 = 物质 + 感情 + 其他 / 008

相貌是物质的特殊表现形式 / 015

爱情的实质是价值交换、等价交换 / 018

9999 朵玫瑰多于 1 朵玫瑰吗 / 024

房子是爱情的经营场所，没房不办婚姻营业执照 / 029

买卖婚姻的是非功过 / 034

彩礼可调节市场供需矛盾 / 037

爱情绕不过的坎 / 042

求婚钻戒是抵押物、毁婚赔偿吗 / 046

孔雀东南飞，爱情飞向哪里？ / 048

感情逆差和经济逆差 / 053

法律对婚姻、爱情商品性的态度 / 057

"七出三不去"与婚姻法 / 059

第二章 在婚姻市场上实现价值交换

早恋，先到未必先得 / 064

准确估分，合理报价，及早规划 / 065

剩女质高也得随行就市 / 069

缘份未到还是分数不达标 / 073

不孝有三，不婚为大 / 076

第三章 恋爱也要先培训，后上岗

恋爱三大纪律 / 080

十八岁的权利 / 085

去死不要说为了爱情 / 088

男欢女爱不能强行 / 094

属相、星座、旧八字和新八字 / 097

爱情不是高于一切 / 104

异性相吸引，同质共珍惜 / 109

房产证为何要写女方姓名 / 111

青春损失费应该赔吗 / 114

山盟海誓没有银行承兑 / 117

外观设计没有发明有价值 / 120

爱一个人不能爱他的一切 / 124

婚姻协议有多少经过协议 / 128

离婚了，就别再来找我帮还债 / 131

第四章 既门当户对，又有所差距

门当户对与等价交换 / 136

爱情不是你想不买，不买就不买 / 138

没有最合适，只有比较合适 / 142

双方分数相差悬殊，必有特殊故事 / 144

 ## 第五章 应聘一份工作——丈夫或妻子

丈夫或妻子的工作你干得怎样 / 148

经济适用男——感情和物质的平衡点 / 150

结婚证是爱情的注册商标和产权证 / 152

婚姻是一份无期限的合同 / 155

公司财产共有，股东各自独立 / 158

婚姻的四种调味品和两个基本功 / 160

婚姻是爱情的高级班 / 163

 ## 第六章 爱情永远在路上

爱情不是低值易耗品，
　　而是一个家庭最大的固定资产 / 166

欲望越多幸福感越低，食欲越强味道越美 / 168

爱情婚姻也要讲道德 / 170

能装多少幸福取决于最长那块木板 / 172

试探爱情——一切都有可能 / 174

婚姻如棋局，开始几步往往没有错 / 176

故事双方都有著作权 / 180

七年之痒与八年共有 / 182

 **第七章 屌丝男和灰姑娘如何回家**

六十分的爱情，百年的婚姻 / 188

买不起钻戒，送得起永久 / 190

地贫石斛俏，情多物欲少 / 193

白雪公主易消融，灰姑娘难变色 / 196

 **第八章 春天许诺，等待冬天结果**

你若肥胖，他必在远方 / 200

春天许诺，冬天会有百花灿烂 / 203

 **第九章 爱情不是墨粉**

爱情不是墨粉 / 206

遭遇背叛，是追究违约责任，还是潇洒地离开 / 210

第十章 人生若只如初见

不哄不"骗",老婆不见 / 214

婚姻是爱情的保护区 / 218

私房钱适应所有制形式 / 220

第十一章 婚姻走在风雨中

全职太太为何"失业率"高? / 224

夫妻本是同林鸟,大难临头怎样飞? / 226

家庭伤害,法律有时不在线 / 230

判处"死刑",缓期二年执行 / 236

第十二章 人类的婚姻处于爱情的初级阶段

世界长期处于爱情的初级阶段 / 240

爱情、婚姻与小康社会 / 242

功夫在婚外 / 244

附录 书中部分诗歌 / 247

第一章

爱情不是纯净物

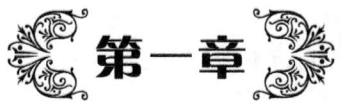

真正的爱情是怎样的？

很多婚恋书籍和文章都提到"真正的爱情"，啥叫真正的爱情？现代人的理解不尽相同，我归纳其要点如下：

一、真正的爱情中的男女双方应当互相专一，具有专一性。神话传说及爱情故事中的男女主人公，都是互相忠贞不渝的，例如：《牛郎织女》中的牛郎和织女；《天仙配》中的董永和七仙女；《白蛇传》中的许仙和白娘子；《西厢记》中的张生和崔莺莺……

二、真正的爱情中的男女双方应当平等，具有平等性。但在以上四个故事中，前两个双方地位悬殊：一方为玉皇大帝的女儿或孙女，一方只是平民百姓。后两个故事中的双方身份地位也不算平等：白娘子修炼千年，用现在的话来说是社会精英、女强人、博士后、院士，法力可操控许仙的一切；崔莺莺是官二代，而且是相当于国家级干部的官二代。

在中国长期的封建社会中，男人妻妾成群，基本不存在专一。但如果以此认为古人没有爱情就未免武断，"子非鱼，安知鱼之乐？"远的不说，就说近的，上个世纪张学良与赵四小姐的爱情故事可是感动了无数人。

无论母系社会还是父系社会，男女双方的地位都不平等，要么重女轻男，要么重男轻女。封建社会女子要三从四德，男人可休妻，女人不可休夫。双方地位不平等就真的没有爱情吗？人类几千年来就没有爱情吗？这观点显然是错误的，就是现代新潮男女也不能接受。欧洲平民女子和王子的浪漫爱情，英国国王爱德华八世"不爱江山爱美人"的美丽爱情，可是让无数的人感动不已。

爱情受宗教、道德、法律、哲学等上层建筑的影响，刻上了时代的铬印。不同的时代、不同的国家和地区，对爱情的理解都有差异。我觉得应当提倡"纯净的爱情"而非"真正的爱情"。为什么这么说呢？与"真正的爱情"对应的是"虚假的爱情"，生活很复杂，不能非黑即白。普通人的婚姻爱情多少有点人间烟火，有爱也有怨，有情也有欲，有快乐也有忧伤，有爱护也有伤害，有欢声笑语也有痛哭流涕……爱情多少都掺杂各种因素，或慕其容貌，或看重其物质，或攀附其权势地位……。按婚恋专家的说法，如果芸芸众生在物质、相貌等各方面都不优秀，婚姻爱情的满意度就会低。如果不是"真正的爱情"，当然就是"虚假的爱情"了。这让普罗大众情何以堪？

爱情既不在遥远的地方，也不在遥远的将来。也许他们所谓的真正的爱情在当代是一种苛求。

恩格斯在《家庭、私有制和国家的起源》论述道："根据我们对古代最文明、最发达的民族所能做的考察，专偶制的起源就是如此。它绝不是个人性爱的结果，它同个人性爱绝对没有关系，因为婚姻和以前一样仍然是权衡利害的婚姻。专偶制是不以自然条件为基础，而以经济条件为基础，即以私有制对原始的自然产生的公有制的胜利为基础的第一个家庭形式。"

恩格斯论述中的"权衡利害"，也就是我下文提到的影响婚恋的多种因素的综合考量。

黄金没有"真正的黄金"之说，只有纯金之说，黄金能有千足金就可称为纯金了，爱情也一如黄金，我们只能无限提纯，但杂质杂念数千年来却始终无法除尽。因此"纯净的爱情"只能是理想化的爱情。商品经济的男女双方比农耕时代更明白物质的重要性，因此现代"海枯石烂的爱情"还远没有古代多。

前面说到的四个最美好的爱情神话故事，也是掺杂有杂念的。这只是现实生活中得不到爱情的最底层的劳苦大众从神话爱情故事中得到慰藉和幻想。四个爱情故事，都是女强男弱。女人都容貌出众、有势有财"不差钱"。这反映了芸芸众生怀着娶皇帝女儿和貌美女人的愿望，掺杂对地位、物质、相貌的追求，在传说和爱情故事中一次次重复"不存在"的美梦，也是对现实中的碰壁和失落一次次抚慰。

白马王子和灰姑娘的爱情故事，让无数女人特别是灰故娘们对未来充满憧憬，为他们笑为他们哭，陪伴她们度过无数个漫漫长夜。为什么很多中国女人喜欢琼瑶的言情小说？身陷其中而不能自拔？事实上琼瑶的言情小说文学水平不高，情节也似曾相识。但小说里有很多白马王子、富豪子弟邂逅灰姑娘的情节，男的都是高富帅，这才是看点、卖点。中国女人为何喜欢看韩剧？因为剧中男女主人公都是俊男靓女的组合，男主人公不但多金，而且英俊潇洒、风流倜傥。韩剧中表现的故事情节，不少都是白马王子遇到灰姑娘的故事。每个女人或隐或现或清晰或模糊都有一个白马王子，都幻想自己就是剧中的灰姑娘，梦想有一天，王子骑着白马或开着豪车拿着水晶鞋找到自己，然后和王子过上幸福的生活。白马王子代表的是权势、地位、财富，当然还有帅气、英俊。

一个普遍能接受的爱情概念就是：爱情是对一个人发自内心的真正的喜欢。

即便是这样，也不是说不关注物质及外貌这些因素。在法律上，一个人的基本信息包括如下内容：相貌（身份证就须有相片）、性别、年龄（出生年月日）、文化、身高、民族、户籍、职业、婚否、籍贯、体重、政治面貌、家庭关系等户口本上记载的内容。实践中，一个人的基本信息还包括他的工作学习经历等。对一个人发自内心的喜欢，也就是对一个人的诸项因素综合考核后的喜欢，这个"发自内心的喜欢"的内容，也包括爱情完美主义者不愿提到的"物质收入"、"相貌"、"家庭背景地位"。

爱一个人包括爱对方的事业、收入、能力、相貌，身体健康等等。爱的是包括生物学上和社会学上的人，而不是缺失其中一项的人。

段鑫星、赵玲二人是博士生导师。他们主要研究对象为青年价值观、大学生心理健康教育。二人在《大学生心理健康教育》（科学出版社，2016年）一书中有如下观点："在选择对象时，无论男女都不仅注意到由遗传决定的生物特点（眼睛、头发、体形、气质），而且考虑其纯社会评价（社会地位、物质条件、教育程度、道德水准、志向等）。如果说爱情最初的迷醉是从生物特点开始，那么爱情的持久靠的是社会评价。人类的爱情更多地依靠理性的选择，即在生物学基础之上的更多的社会标准的审视。"

一般普通人各方条件不优秀，也没有经济能力和时间到处寻找，基本上都掺有凑合型或有凑合的成份。这些情况下，爱情的纯净度就更不理想。

两个男女恋爱结婚，潜意识动机中有许多成分，其中就有为了解决或处理自己内在的心理症结，比如为了排除寂寞而寻找伴侣。有人对谈恋爱的动机调查得出结果："大多数谈恋爱者并非真正是对神圣爱情的向往，最重要的两个影响因素是生活的空虚和对生理的需求。"

现代妇女运动最早的权威理论家、女权运动的创始人之

——西蒙·波伏娃说过:"女人容易为安逸和优裕的生活所吸引。"古训有"上有所好,下必甚焉",如果女方在恋爱中处于主导地位,就会"女有所好,男必甚焉"。爱情不可能不重物质生活条件,求爱中的男人不是展示自己漂亮的"羽毛",更多是展示自己的物质。

从历史可以看出,由于婚姻市场供需严重不平衡,为了能在婚姻市场上获得爱情,好多人仍然免不了使用"物质""钱"这些手段,比较突出一些的,还使用权势。

最单纯时期的爱情,也是无法抛开职务级别、地位和物质条件的。当下,人们更不可能忽视地位,也更在意物质经济条件,出现一些拜金女和梦想嫁入豪门的灰姑娘,乃是正常现象。

爱情不是纯净物,我们要明白这就是爱情,这就是我们的爱情。"爱情不是纯净物"不是贬义词,在自然界中,只有单质和化合物才是纯净物,爱情是快乐和痛苦、爱护和伤害、情和欲等的总和。我们要做的不是排斥它,也不用感到稍许失望,而应当不断对它提纯、净化、修炼,使它更加完美,有句俗语:"金无赤足,人无完人"。这里套用为:"金无赤足,爱无完爱"。

爱情是混合物，爱情＝物质＋感情＋其他

爱情是人间最美好、最崇高的东西，千百年来被人们歌颂赞美，是小说、电影、电视的永恒主题。我却用一个大大的标题说爱情是混和物，甚至进一步说爱情是多种"物"的混和体。这是和大家唱反调吗？

辩证唯物主义哲学认为，物质决定意识，经济基础决定上层建筑。经济基础包括生产资料所有制、生产过程中人与人之间的关系和分配关系等三个方面。法律、宗教、道德、婚姻制度、爱情观属于上层建筑。

也就是说爱情由经济基础所决定，婚恋中关注的"物质"、"职位"、"收入"就包括在经济基础的三个方面里。当然，"相貌"也是婚恋中的重要指标，其实它也是包括在"生产过程中人与人之间的关系和分配关系"里。社会关系中"刷脸"的频率很高，颜值高的人找工作容易且平均工资明显要高。因此爱情的变量中包括"物质"、"相貌"、"职位"、"收入"等因素。

据婚恋中介机构介绍，会员对对象的要求，男生的排序一定是年轻、漂亮，然后才是学历、家庭，收入等。女生则第一看收入，房车，有没有户口，然后才看男生的学校。

恩格斯认为："只有妇女对男子经济依赖消失，才会允许两性关系建立在平等和'真正的爱情'基础之上。"马克思也认为爱情是建立在一定的物质基础之上，爱情和婚姻都是物质生活与精神生活的结合。

据专家研究，拥有健康优秀的基因、充足的食物、隐蔽的场所等众多对繁衍后代有利资源的雄性会被雌性所注意，进而被选择并交配。

一般来说，由于基因优秀差别不大、或者肉眼无法识别，因此，隐蔽的场所（房屋）、充足的食物（当代应当是优越生活条件，重点是收入或财产）就排在文凭之前，有高学历高职称的男性，往往在女性面前，反不如低学历的大款有竞争力。

爱情从来不是纯净物，不是单一的东西，而是各种混和物的总和。在各种混和物中，我们可试着换算成同一个当量或分值来计算。对于男人来说，"物质"分值占的比重最大。他在婚姻爱情市场上的爱情数值，可用"爱情＝物质＋感情＋其他"公式来计算。"其他"项当然包括：文化、身高、婚否、职位、年龄、性格、品德等影响婚恋的各项因素。对于女人来说，相貌分值占的比重最大，所以女人在婚姻爱情市场的爱情数值可用"爱情＝相貌＋感情＋其他"公式来计算。

爱情数值中，有实数也有虚数。实数当然包含各种物质、身高、体重、相貌、地位、文凭等；虚数就包括性格、情感、志向、意志、品德等。一般来说，低于平均身高就减分，高于平均身高就加分。每个人都按自己身高计算对方一个基准数，一米六的女孩和一米七的女孩心中的基准数大约也相差十厘米。对女方来说，好的性格包括温柔贤淑、心地善良、通情达理等；对男方来说，好的性格包括稳重大方、乐观豪爽、坚强率直等。好的性格就加分，坏的性格就减分。

人们首先容易看到物质、外貌、文凭、地位这些"实数"，对于虚数看到就少，对于品德或者说心灵美的关心很少，有些更是非不分。有女人向我咨询时，就很得意地说："男朋友千万富翁，在黑道有势力，有几个小老婆"，认为他有钱有本事。我心里想问："他都有几个小老婆了，那你自己算小五小六？他也不是很看重你吧？有何值得显摆？"

如果实数分值和自己预期的分值不符，基本上不会与其"博弈"及进入下一轮"谈判"，或者说不会与其交往认识了，一方"性格""志向""品德"再好也没有展示的机会，"感情"此项得分就为零，更不会去关注虚数分值多少。最不受关注的"品德"兄弟，当然往往也只能可怜唏嘘地待在最不起眼的角落。

有些男人自身爱情分值低，为了能在婚姻爱情市场争取与女人博弈的机会，交换到更满意的爱情并卖出高价，就在"物质"这分值最多、最引人注目的科目上作假，虚报分数。

据《腾讯网》新闻，十五年前红遍大陆两岸三地的某女歌星，高调退出娱乐圈，嫁给"富豪"朱某某。当时有无数歌迷痛心疾首、长夜当哭，哀号"一朵鲜花插在牛粪上"，"月亮偷着哭"。朱"富豪"的爱情分值其实远达不到美女的录取分数线，其原因就是朱某某伪装富豪，连别墅都是租来的。朱"富豪"后来又出轨，犯诈骗罪入狱。二人离婚后，女歌星母女落魄到租房住的地步。美女歌星真不让歌迷们省心。大家都盼望："你要嫁人不一定嫁给我，但请一定嫁个好人"。

婚恋专家某顺说过："一般女人都羞愧自己成为钱能买到的物件，但又急于盼望自己被男人高价收买。"在此，我特别说明一下："某顺"是个女人，并且是女权主义者，免得有女权主义者以为又是一个男权主义者在大放厥词，或者以大男人身份贬低女人。

女人想要在婚姻爱情市场交换到较高的爱情，或者说被"高价收买"，一般很少如男人那样在"物质"科目做手脚，而是在"相貌"这个男人重视的科目下功夫。现在很多喜欢看韩剧中俊男靓女的"哈韩"迷，很想变成韩剧中主人公的样子，获得和她们一样的爱情，当然特别推崇韩国的整容美容术。虽然每年都有很多整容变毁容的案例，但每年去韩国整容的仍超过五万人。还有很多付不起高额费用的则在国内整容。中央电视台主持人倪萍就公开说"现在哪个明星不整容？连我这样的都打针！"

当然和男人在"物质"科目虚报分数一样，女人也会冒着风险在"相貌"上做假虚报分数。《北京晨报》新闻：阿联酋一名男子在首次见到新婚妻子的素颜后，竟毅然决定离婚。28岁女子随34岁的新婚丈夫到海边游泳，没想到的是，女子脸上的妆容没有受住海水的冲刷，脱妆后变成了素颜，而首次见到妻子素颜的丈夫，竟然没有认出她来。丈夫也因此意识到妻子除了层层浓妆之外，还曾接受过整容手术，更戴了假眼睫毛和有色隐形眼镜。

就算知道爱情分值的计算公式，"招投标者"也没有弄虚作假，没有违反招投标法，现实中评价"标书"、计算不同的"招投标者"的准确分数也十分困难。通常情况，"相貌"和"物质"这两个科目各自总分为一百分或更多；"感情"这科目主观性很大，满分有时高于"物质""相貌"科目的分数，比如"英雄救美"故事中的女主人公对于男主人公的感情分，就是天文数字。在不同时间里，就是同一评委对同一人的"感情"评分也有巨大差别。"其他"项下的"文化""身高""地位"等各自满分显然不能和前二大科相同，应当明显要少，但各自占多少分不同地区的人有不同的标准。就"物质"科目来说，在不同地区，物质数量与分值的对应也会明显不同，如北上广深一线城市和三四线城市就有显著区别，男方同样的物质数量，在三四线城市可得一百分，在一线城市就是不及格；就"身高"来说，同样身高的男人在南方可得一百分，在北方就只是七十多分吧；就"文化"科来说，在农村大专可得一百分，在城市只能算及格。对于"高富帅"来说，偶像范冰冰打满分；可让屌丝男来打分，身材略显宽大的贾玲和不是樱桃小嘴的姚晨就已经是满分了。不同的评委打出的分是不一样的，情人眼里出西施，屌丝男眼里多美女。

以上可知，难免有计分不公平或不准确的情况发生，有些甚至有明显错误。录取低分抛弃高分的事很多，低值高买或高值低卖也很多，由此嫁错郎或娶错女这种后悔话就常常听到了。中国为啥有月下老人和红娘？国外为啥有维纳斯和丘比特？这是因为打分估值不但是个技术活还是个苦差事，就算给你一双慧眼，你能比得上月下老人？现代人叫喊婚姻自由、恋爱自由，不愿接受月下老人的红线束缚和丘比特之箭的串联，喜欢唱"让我一次爱个够"。不管如何，自由了爱够了就别后悔嘛！

很多人认为我把爱情简单等同于几项、十几项"各种物"的混和，把"物质""相貌"放在首位，亵渎了爱情的神圣。我列出那公式只是为了更直观些，更能通俗易懂些，当然不是简单的混和，把"物质""相貌"放在首位，那也是二者先于"感情"被关注，且分值极高。

谁都想物质和感情、美貌兼得，并且各方面都能得高分。其实鱼和熊掌二者兼得都不容易，爱情要数者兼得那就更难。一般普通人家，一道菜有主材"物质"，"感情"、"相貌"

就只能做辅料了。辅料在数量上没主材的量大，普通人家如果想吃三者都丰富的大餐，那很难得。

即便一道菜，有主材，有辅料，有调味品，也不是它们的简单混合，还得经过高温处理，运用煎炒烹煮、炸焖烤熬蒸等加工方法，使其间发生复杂的物理和化学变化。爱情这道菜的主材当然是"物质"和"相貌"，"其他"都是辅料或调味品，但是不是每道菜都用上所有的辅料或调味品，比如有的不看"文凭"，有的"婚否不限"。"感情"就等同于以上的煎炒烹煮等加工方法，一道菜好不好吃，主材、辅料及调味品固然功不可没，但加工方法和厨师的技艺更重要。

"感情"能把各种材料有机的融和起来，烹制成美妙的、甜蜜的爱情，更重要的是烹制合自己口味的爱情。

你不能说别人不合你胃口的菜就不是菜，就是厨艺差。同样的道理，你不能因为别人的爱情"物质"放得多，或者白灼、清蒸"相貌"，"重口味"，就说别人的爱情不是爱情吧？或者说只有自己的才是真正的爱情吧？

我以上的这番阐释说明，无论爱情完美主义者，还是拜金女，应该都能接受吧。对于爱情完美主义者来说，我强调了"感情"的重要性、必要性；对于拜金女来说，其看重物质的"品性"也只是代表了自己的选择吧。在我文章里，原来不是多么丑陋不堪，原来也不是没有"感情"。

相貌是物质的特殊表现形式

本篇文章，本来是想和上一篇放在一起的，但又感觉内容太多太杂，还是分开讲述好，因此另辟一章。

上篇中的男女爱情计分公式有差异，一个是"爱情＝物质＋感情＋其他"，一个是"爱情＝相貌＋感情＋其他"。但女人的"相貌"也是有成本的，能带来经济利益，也是可用物质计算的。我突出使用"相貌"，只是为了更直观些，让大家更能接受些，毕竟换算有些复杂。

比如一个灰姑娘，想整容成偶像范冰冰的样子，多次赴韩国整容，整容费一百多万，加上来回路费和食宿费三十多万，误工费十万多，总费用当在一百五十万元以上。按照商品的成本计算方法，商品价值＝原材料＋辅料＋加工费＋包装运输费＋宣传广告费＋毛利，由此可推断，其相貌的经济价值就是一百五十万以上，这还不包括"原材料"、毛利和每日维修费用，更未计算风险成本。一辆不是名牌的汽车装修成名牌都要花一百五十万，那作为真正名牌的范冰冰"相貌"价值是不是远远高于一百五十万元？

现实中整容的女人毕竟是极少数，但每天化妆、保养、护肤、打扮，就司空见惯了，不说时间成本，那些费用也不少。

有些女人还要添置名牌衣服、包包、鞋帽，价格不菲。

相貌指一个人的面容、长相、身材、衣着，以及言谈和举止。因此，相貌不仅包括面容和身材，还包括言谈和举止。很多人为了训练成笑不露齿、坐有坐相、站有站姿、走有模特步等相貌，花几年时间，学费不比读大学费用少。电视剧《人民的名义》里面，那些腐败分子花大价钱训练"小高"们学习各种礼仪，光是练习笑不露齿，就让"小高"口含筷子几个月，最终把省委副书记高育良迷倒，办成了想办的事。高育良在腐败分子送上的几十万上百万的财物面前，也不动心，在"小高"面前却心动了。最少在高育良这里，小高的相貌价值比那些财物更高。

很多女人十年寒窗苦读，有的还读了硕士、博士，好不容易找了个工作还不是很满意，需来社会上辛辛苦苦工作；而别的低学历漂亮女人嫁个好老公，天天也不用上班，还开豪车、住豪宅，经常高消费。因此，有人就会发出感叹："干得好不如嫁得好"。从上面可知，漂亮也是一种资本，或者说是一种财产，一种资源，它可以变现、提款、交换。如果说不公平，同样父母生养，有人头脑这么聪明，能考上硕士博士，有人却只能勉强读完九年义务教育，上天这样也不公吧？

贫困山区的农民，虽然大字不识几个，在社会各界的宣传指导下，他们现在也都知道靠山吃山，靠水吃水，靠啥吃啥。

上面提到的这些美女，人家可也是读过初中的人，当然也知道"靠啥吃啥"这句话的意思。她们靠自己的美貌改善生活，改变命运，也没有排泄废物污染环境。

虽然我也属于"吃不到葡萄"的那部分人，可是不好意思说"葡萄酸"。笔者在法庭上常依法为犯罪嫌疑人辩护，在此也要凭良心为她们辩护，她们没有违反法律和公共道德，不应受到过份的非议指责。

相貌和身材的获得和保有，那同样也是需要时间，需要费用来维持的，也需要挥洒大量的汗水，也需要付出体力劳动。上面提到的那些范冰冰偶像迷，只要有钱就可整容，公众对此却不感冒，除了因其是假美女，还因为老百姓只认可付出辛勤汗水得来的东西。那么下面这位女士，就会得到很多人赞赏。

安徽卫视播出新闻，河南信阳叶女士，50岁了身材相貌还如18岁少女。她坚持锻炼二十年，每天两小时的游泳加器械锻炼。她去健身房是需要费用的，每天锻炼也是要付出大量汗水的。

在各种资源利用中，美女资源的利用是最环保的，在各种违法利用资源尚未解决之前，一味指责美女利用美貌攀附富豪，明显是"问责"错误，需要选择性做道德评价。

爱情的实质是价值交换、等价交换

神话故事中,中国有女娲造人的传说。女娲照着自己的样子,用黄土捏出小人儿,本来人不分男女,后来一分为二,把那些小人儿分为男女,让男人和女人配合起来去创造后代。男女都只是身体的一半,只有找到另一半才是完整的。

从以上故事可知,每个人寻找到另一半的同时也满足了对方找到另一半,使用价值得到交换,都是"一半",故双方对等,也可以说是等价交换。一方付出感情,同时也得到对方同样的感情,一方向对方许下诺言,同时也得到对方同样的诺言,一方向对方奉献身体,同时也得到对方的身体。

在此说下《婚姻法》第四条,"夫妻应当互相忠实,互相尊重;家庭成员间应当敬老爱幼,互相帮助,维护平等、和睦、文明的婚姻家庭关系。"从这里可看出,法律的名词术语,换成老百姓的通俗口语就是,夫妻双方以忠实交换忠实,以尊重交换尊重,以帮助交换帮助,所有都是相互的。从小父母教育我们的"将心比心",就是上面的解读。

在以前农耕经济时代,基本模式是:男人找个女人生儿育女,洗衣做饭,女人找个男人养家糊口,遮风挡雨。现在进入商品经济社会了,生存的需要基本各自都能解决,就多

了精神的需要。各自都有需要，有价值，有交换的欲望和可能性。

爱情是双方需求的满足，互有价值和使用价值。爱情产生的基础是物质需求和精神需求，有需求就有交换。

马克思是怎样认为的？马克思说："如果你以为人就是人以及人同世界的关系是一种充满人性的关系为先决条件，那你只能以爱去换取爱，以信任换取信任。"我在此补充一下伟人的观点，以感情换感情，以真心换真心，以一生换一生，简单一句话，就是同质交换、等价交换。

婚姻是对耐用消费品的购买。跟一般商品交易不同的是，婚姻所付出的不全是货币，主要还是他（她）们自己本身。每个男女交易的内容有对方的性别差异、物质金钱、权力名声、容貌才气等等。

女人温柔贤淑，男人坚强率直。男女有差异，温柔贤淑与坚强率直，哪个更有价值，因时因地因情况而有所不同，很难比较。虽同为"一半"，但重量、身高、能力、作用等有明显差异，从这角度看却不是完全的等价交换。

我们经常听到处于婚恋阶段的女人及亲友说类似的话："女同乡的彩礼收××万，我难道长得比她丑吗？""女同事的婚戒是××克拉的钻戒，我难道比她差吗？""没有××万存款我不嫁！""女同学的男朋友帮买一套房子，我不能比她掉价！""我女儿同样用一样多的米养到二十岁，彩礼不能比别人家少！"从这些话语可以读出一些内容：1.女人们自觉或不自觉为自己打分估价；2.一定的分值或价值要对应一定的市场价位；3.爱情的多少是可以用物质来衡量或显示的。

为方便叙述，我们试着把婚姻市场中的男女，按爱情公式计算分值，各自按分值高低等距分成十个数集：男人用A1、A2、A3、A4……表示，女人用B1、B2、B3、B4……表示。B1数集的女人只肯和A1数集中的男人交换爱情，因为男人总数大过女人，同一阶数集的人数男比女多；B2数集的部分女人会和A1数集男人交换；同样B3数集的部分女人会和A2中男人交换……以此类推，同处一个数集，有的嫁得好或者说交换到上面阶位分值高的男人，有的却只能比别的女人低一个阶位成交。由此分析，这就是上述怨女怨天尤人之所在。对于男人来说，因为是供方市场，就算低一二阶位交换爱情，也没有怨言。

B6数集后的中下阶位女人，一般都能和上一二个阶位的男人成交，用经济学名词来说是溢价率高。这类女人感觉占便宜了，婚姻满意度高，幸福感强，离婚率相对低。相对而言，B1阶位的女人，几乎没有或完全没有溢价交换，没有占便宜的感觉，"下手""买定"的冲动不大，就是"下手""买定"后，再次进入婚姻市场也能随时交换到不低于上次分值的爱情。这就会导致她们的婚姻满意度不高，幸福感不强。这也是影视歌舞娱乐圈子、模特圈子多年久恋不婚、离婚率高的原因之一。

长期以来，男多女少，加上一夫多妻（现代变成小三、小四），B6数集后的女人都是高一二个档次价位成交，潜移默化成为习惯，搞得女人和同一阶位的男人交换就认为吃亏了，须得男方增加彩礼或增加钻戒克拉数才肯成交。有的女人找不到上一阶位的男人交换，又不肯吃亏屈就同一阶位的男人，正妻不能做，就做小三、小四。

虽然上一阶数集的男人和下一阶数集的女人成交，价格和价值不是都相符，但男人物以多为贱，女人物以稀为贵，价格围绕价值上下波动，仍然符合价值规律。男人潜移默化，也习惯成自然了。

男人确定心仪的对象，没考虑太多，用时也相对短；而女人就会考虑太多，用时很长。因为男人关注的是相貌，除部分过度化妆及整容外，很快能看得明白；俗话说"嫁汉嫁汉，穿衣吃饭"，女人重视的是物质、收入、地位、发展潜力，不能一目了然，存款额多少得去银行查证，房屋要实地考察，没有房产证的要等房产证办好，房屋地段如何、装修如何这些也要实地仔细考察，收入须有税务纳税证明，地位则须多方考察，发展潜力这种长线股票更需时间长期等待结果。

古人认为理想的配对形式是"郎才女貌"，今人则认为流行配对形式是"郎财女貌"。那么两种观念是不是有严重冲突呢？在中国古代，"万般皆下品，唯有读书高"，"劳心者治人，劳力者治于人"，读书就能求取功名，就能步入上流社会，就能做官，就能发财，有"才"的读书人更是其中的佼佼者。"才"虽比"财"少了"贝"字，却比"财"多了好多内容，多了地位，多了权势，多了名声。二者在重视"物质"这点上并没有区别。当代以"财"代"才"，那是因为有财的富豪不一定有才，有才的人不一定是富豪，为了不让他人误解和选择错误，将其表述为"郎财女貌"，更能直奔主题。

婚恋专家建议女人，谨慎对待一见钟情，不要闪婚，一般爱情长跑半年到三年，再进婚姻殿堂。婚恋专家的建议是有道理的。爱情长跑的道路，也是验证物质、收入、地位、发展潜力之路，当然也包括对其他方面如性格、品德的考察。爱情完美主义者对于我一再说物质、财产等等嗤之以鼻早不耐烦了，在此强调一下非物质因素，安抚一下他们情绪。

腾讯新闻《我想背着哥哥嫁人》报道：林某照顾因交通事故成为植物人哥哥14年，38岁未嫁，家中依然背负着抢救哥哥的30万元的治疗费用。她提出的找对象要求是："上门和我一起照顾哥哥"。

物质决定意识。她也想找个有经济能力的，能给哥哥请护理工，能给钱哥哥最好治疗的对象，她虽然没有明说婚嫁的其他条件，但娶她的男人经济上肯定必须承受得了，只有身强力壮还是不行。

并不是看重物质的女人就不重情义、就是拜金。在此提出此案例，免得一棍打倒所有提出不达物质条件不嫁的女人。大龄剩女之中有的人有苦衷，有不得不如此的生活现实。这样论述也可以让爱情完美主义者认为可以将我争取成为他们的信徒，减少对立面。这样也会有更多的人支持我的观点。

有人看了上面的观点论述，认为有的人总分不高，却和分值高出很多的人交换到爱情，说明了我的理论不完善。

中国的大学有一本、二本、三本三个批次录取的大学本科，另外还有大专，都有各自的录取分数线。那些总分低达不到录取分数线的，因为某个科目成绩突出，或者是特长生，或者在体育竞赛中得过冠军和金牌，都会被大学破格录取。婚姻市场中，一方总分低但某方面突出，如特别貌美的女子通常会被物质和收入特别多的男人，破格录取、特招。我们不怀疑高考中对特长生的特招，为何就不允许婚姻市场的特别交换呢？况且高考中的特招涉及到广大考生的公平公正问题，而婚姻市场上的特招只是个人私事。

9999朵玫瑰多于1朵玫瑰吗

情人节的街头

求婚的男人无比虔诚,

单腿下跪两眼发光如同猎人。

海枯石烂的爱情,

却要花期数天的玫瑰证明。

爱你在心头口难开,

得有钻戒帮说出来。

情人节的街头,

有的人得到了钞票,

有的人收获了鲜花、钻戒,

有的人牵走了爱情,

他们都有同样的收入。

只有我没有失去也没有收获,

捧着一颗心来还带一颗心回去。

上面这首《情人节的街头》,乃是我有感而作,虽水平不高，却也强过某些把一句话拆成三段成诗的诗人。情人节的矛盾，大家听到、看到、经历过，在情人节情最浓之时，也是物化最强之日！情人节本应当是有情人的节日，本应当是有情人最快乐幸福的日子，但实际越情多的人越痛苦，因为在情人节仅仅情多是远远不够的。

9999朵玫瑰多于1朵玫瑰吗？这道题小学生都能答对，但成年人却未必都能答对。9999大于1，从数学上当然没问题，小学生只看玫瑰的数量，答起来相当容易。成年人要考虑的是二者谁表示的爱更多，或者是9999朵和1朵哪种情况承载的爱更多，不同的人有不同的答案。

向女孩献花9999朵玫瑰的男人和向女孩献花1朵玫瑰的男人，谁更能打动女孩的芳心？或者说哪种情况女孩认为对方更爱自己？现实情况是前一种情况男人更能成功，换言之能送出9999朵玫瑰花的男人比只送一朵的男人感情多，也就是大多数人的答案是前者多于后者。

情人节时玫瑰花的价格不低，男人得用较多的钱交换玫瑰，然后以玫瑰交换爱情，类似于远古时的以物易物。玫瑰花只是中间交换物、一般等价交换物，甚至卖花人也只是可有可无的人。富男人比穷男人更有条件表达爱情，或者说更有条件交换表达爱情的信物。两个男人都一样向对方表达了"我爱你"，一样当众向女孩下跪求爱，一样手心出汗，一样面红耳赤，一样心跳加速，一样两眼放光，一样荷尔蒙大量分泌达到最大值，玫瑰花同样第二天都枯萎了，同样第三天都凋谢了，同样第四天都扔垃圾桶了，同样一个星期都腐烂了。可只有富男人留在女孩的心里，星星看得见的只有富男人的玫瑰花，天空听得见的只有富男人说的"我爱你"。

那个穷男人买玫瑰花和准备当天消费买单的费用，可能是他所有的积蓄，也可能是他当月的全部生活费，但没有人关注这些。大家只知道富男人的感情付出是他的成百上千倍，虽然富男人所花费用不过是他银行存款的百分之一、千分之一，也没有人会计算各自付出所占的比重。

有些人觉得单单送9999朵玫瑰花，仍然不能充分表示自己的诚意、爱情或者实力，还需要玩点花样，还得增加附加值，坐直升飞机送玫瑰花就粉墨登场了。最好的设计是，在她生日当天，最好精确到她出生的某时某分，9999朵玫瑰花从空中吊下送到她卧室窗口，当然再有一个钻戒更加完美。别说男女双方已沉醉，从围观者那羡慕嫉妒恨的神情来看，都知道男孩是多么成功。

用直升飞机送玫瑰花，只因巨额运费，此9999朵玫瑰花的价值远多过上述当面献给美女的9999朵玫瑰花的价值了。飞机送玫瑰花者，不用当面下跪，也没有其他送花者手心出汗、面红耳赤、心跳加速、两眼放光的神情，甚至荷尔蒙分泌量也不如其他送花者的多，但往往他更自信。他不用仰视女孩，而是俯视她。这种方式实际却更易打动女人的心，或许准确地说打晕女人的心。

同样是爱的表达，只因为承载的载体价值的差异，结果就天差地别。各方看重的不是感情的多少，而是物质价值多少。伟大的爱因斯坦说过："地球引力不会使人坠入爱河"。这没有错，那是因为地球不是商品市场上的"物品"。不伟大的莫奈也有句名言："物质引力能使爱河偏向一方"，当然是偏向富男人一方，这里的"物质"不是物理学上的物质，而是商品市场上的"物质"。

按照爱情公式，同等分值的两个男人，假设其他方面相同，感情多则物质少，物质多则感情少，从这角度看，穷男人感情多。社会生活经验告诉我们，穷男人和富男人一起竞争，对方有钱、有车、有房、有钻戒，穷男人只有愿意付出更多的关心，付出更多的体贴，付出更多的时间陪伴，付出更多的专注，付出更多的感情，才有可能赢得女子的芳心。从这里看，穷男人更专一，倾注在同一女子上的感情远比富男人多。古语有云："仗义每从屠狗辈，负心多为有钱人"。马克思主义者认为，无产阶级最有革命性。莫奈认为，愿为她付出全部时间全部生命的，也多是穷男人。回到上面那个问题，我的答案是：9999朵玫瑰比一朵玫瑰少。你们认同吗？

情人节不是人人都能过的，也不是人人都能有情人节的，情人节更像是玫瑰、钻石的节日，商家的节日。"我爱你"也不是嘴巴说了就"我爱你"了，爱在心头口难开，你得用玫瑰花、钻戒说出话来！"海枯石烂"的爱情，必须得用三天就凋谢、一个星期就腐烂的玫瑰花来证明！

虽然没有明文规定，爱情也是有套路和程序的。影视中无数次上演，大街小巷无数次偶遇，谁要说不懂就是他对她不是很在意。上下班接送，虽然她离家很近，虽然他离她很远；特别的日子到特别的餐厅吃饭，双方吃不惯的日本料理、韩国料理和西餐厅经常是首选；生日得送生日蛋糕，虽然绝大多数时候蛋糕吃不了十分之一，虽然绝大多数时候蛋糕只是用来做涂抹脸画脸谱的颜料，虽然大家都勉强吃一口作样子；情人节送花，虽然知道花店老板割肉疼；逛街购物男人负责搬运和买单；公共场所拥吻制造浪漫；广场或大街上当众下跪求爱让上天作证，当然女方得之前做好准备，围观群众得做好观看准备。

当然男人多是"发球"一方，女人多是"接球"一方。当然女人有时接球了；有时嫌发得不好不接球；当然也有男人球发完了，女人还在做接球的姿态。

钻石被誉为二十世纪最精彩的营销骗局。戴比尔斯公司买下了南非整个钻石矿，控制钻石出量，垄断了整个钻石的供货市场。戴比尔斯花费巨额的广告费用打造出所谓的钻石文化：宣称坚硬的钻石象征的正是忠贞不渝的爱情，只有钻石才是各地都接受的订婚礼物。他通过各种手段铺天盖地的广告，强化钻石和美好爱情的联系。

潜移默化之下，男人都认为只有更大更美的钻石才能表达最强烈的爱意，女人都认为钻石是求爱的必需，你连钻石都不舍得买，你还好意思说你爱我。

从以上资料看，爱情和钻石绑在一起，钻石又和戴比尔斯公司绑在一起，情人节更应当说是戴比尔斯公司的节日。戴比尔斯公司做的是钻石生意，我感觉更应当说他们是在收爱情税，凡是求婚求爱的都得向戴比尔斯或其他钻石商交一笔费用。如果男人没买钻石送女孩，别人会认为他连心爱的女人都不肯送钻石，爱得不深。他也是多少会受到负面评价，削弱其幸福感。

情人节本来不是法定的节日，给女人戴钻戒也不是婚姻的必要程序。只要有情，天天都是节日，只要相爱，双方就会被红线套牢。月下老人的红线历经千万年，是文物，是古董，难道不比戴比尔斯公司开发几十年的钻石更有价值？

房子是爱情的经营场所，没房不办婚姻营业执照

中国的房地产市场，政府的多次调控、纷纷出台的各项措施、甚至限购限贷政策都限制不了房价一路攀升。专家媒体纷纷发文，中国房地产市场存在巨大泡沫，比历史上最严重的日本1990年房地产泡沫还严重。可"日光盘"各地时

有出现，连夜排队买房的景象经常上演，看不懂的不只经济专家，也有众多小市民。

房地产价格一路上涨，是多项因素影响的结果，经济、政策方面的分析文章很多，我只从不受关注的婚姻爱情角度分析。

一个男人的爱情分值，最大的部分在于"物质"，而"物质"的科目分数看房子。在城市没房屋的男人，其爱情分值低，无法获得婚姻爱情市场的准入许可证。就像一线城市的积分落户一样，是否购买一定面积的商品房，分值差别很大，没房屋的基本落户没门。

在城市没房屋的男人，当他钻空子无准入证进入婚姻爱情市场，绝大多数都会被问："没房没车，你怎么给我幸福？"；女孩含蓄点的，就由女孩妈妈代劳代问："没房没车，你把家安在哪里？你怎么给我女儿幸福？让女儿和你一起流浪不成？"男人你不是爱她吗？爱她就要给她幸福，给不了她幸福就是让她痛苦，就是不爱她。大家都爱唱"有一种爱叫放手"，一番推论逻辑下来，这个穷男人就不好意思在婚姻市场混了，不需要市场保安驱赶，受市场无形的手推拒，自动离场了。

每年的大学生毕业季，相恋的大学生就面临分手的痛苦和抉择，毕业季常常被人叫做分手季。男人留在大城市就业吧，劳动市场进入了，可婚姻市场没有准入证，想回家乡三四线城市发展吧，女友不愿意相随。男人们为离女友近些，绝大多数会与其留在大城市，设法搞到准入证就成了男人们日夜揪心的事。"生命诚可贵，房子价更高；若为爱情故，借贷不可少！"房子价格就这么涨上来了。

男女结婚成家，这"家"字有讲究。据专家考证，"家"是会意字，甲骨文中的"家"字，上部是木头房子的侧面型（即宝盖头），下面"豕"就是"猪"字，合起来的意思就是房子的下面养有猪。人类最先驯养的家畜就是猪，最大的财富也是猪，有猪就有养猪的人。"家"字的意思就是房子的下面有人生产生活，有一定的生产生活资料，换句话说就是人生活的地方得有房才是家。有房才有家，有家才有爱和婚姻，古人还可以天为被地做床，现代社会人满为患，又不能睡大街，所以我说房子是婚姻的准入证或经营场所。其实这不是我的发明，古人就有类似的意思，只是那时没有"准入证""经营场所"这种名词而已。

其实自然界的动物比我们的祖先更懂得房子的重要性。比如很多鸟类的成年雄鸟都是先做好一个巢，然后才去和雌鸟谈情说爱，雌鸟接受喜欢了这个"房子"，才与其交配成家。

有些男人没有准入证，以骗取或偷摸方式进入婚姻殿堂，可后来女子醒悟过来，原来都得有个叫房子的东西，就会要求男方补办手续。或者以前先斩后奏，没有经丈母娘批准，几年后丈母娘也会要求他补办准入证。

《腾讯新闻》报道：小贾是安徽人，老婆是山东人。两人前两年一起在海宁打工，有两个孩子，大的三岁，小的六个月。本来小日子还行，可丈母娘非让他出10万元在山东买房子，不买就不让他见老婆，而小贾身上只有4万，还有两个孩子要养，压力很大。他拒绝了买房的要求，和丈母娘闹翻了。没想到，不久老婆就带着家里的存款回了山东。小贾去山东找老婆，但丈母娘就是不让见。协商了两个月，小贾还是联系不上老婆，情绪崩溃，跑到了派出所刀架脖子寻短见。

有的人认为，推高房价的因素之一，是"房价的丈母娘理论"，要娶妻先过丈母娘的财产考察关。但这和实际情形不相符，绝大部分男人在恋爱时就要过女人的财产考察关，只有少部分有点"傻"的女人，在婚姻阶段才需要丈母娘把关、善后。

说房子是婚姻的准入许可证，会有不少人说我太世俗，宣扬拜金主义，为开发商代言。但如果说房子是婚姻爱情的经营场所，估计没有人反对。按工商法规，工商经营要"有必要的并与经营范围相适应的经营场所和设施"。在广州市，餐饮行业办理工商营业执照、卫生许可证，最少要有40平方米的营业场所，那么婚姻的营业场所一般要多少面积呢？一般来说，爱情的经营场所要能满足夫妻生活的私密性，那就得夫妻一个屋、小孩一个屋，二室一厅最少也是65平方米。

65平就是办理婚姻营业执照的经营场所面积。

电视剧《亮剑》中的连级干部段鹏，和部队驻地女子恋爱后生下小孩，因为没房住，段鹏只有带小孩住招待所，小孩拉尿淋湿住下铺的首长丁伟，二人起冲突。那个年代没有商品房，对房屋没有现在这么看重，可也因为没房，二人不能住在一块，无法很好地经营爱情。

当任志强说"为什么非要买房，可以租房"时，他成了网民抨击的对象。他是饱汉不知饿汉饥。在丈母娘眼里，租房的结果是女儿居无定所，随时可能被房东赶出去，跟着老公颠沛流离。另外就算买了房，如果房子面积小，如果房子地段差，一样会娶不到老婆。因此，不仅要买房，还得看谁的房子大，谁的房子位置好。

各网站转发的安居客发布的《2016单身青年"新三光"报告》，报告有如下内容："爱过才知房重要"，数据显示有过恋爱经历的单身人群更有意愿买房，买房指数较没有恋爱经历的人多45个百分点。且单身时间越长，越想买房。无论个人是否单身，无论收入多少，买房似乎成了他们工作的主要动力。在调研人群中，有77%的人认为买房很重要，有超过50%的人正筹备买房或已经买了房子。

"爱过才知房重要"，那是因为他们知道失败的原因，深切地体会到"房子是婚姻市场的准入证"。

一般爱情分值低的男女，只要二室一厅甚至三室二厅，就可以经营爱情婚姻了；处于第一第二阶位数集的男女，几十平米的"经济适用房"肯定是远远不够的，最少得独幢别墅。

就算有了房子，有了面积足够大的房子，还得看这房子所处的城市和位置，如果房子位置离工作生活的地方远，仍然不能做为婚姻爱情经营场所。如同餐饮行业，假如用来经营的房子地处偏远，不也同样无法经营下去？近水楼台先得月的逆向思维就是，想要捞月就须去近楼台的水面去捞，而不是去远处，这也是异地恋难以成功的原因之一。

买卖婚姻的是非功过

很多少数民族都有类似传说，远古洪水淹天，只有兄妹乘葫芦、独木舟或其他物件逃生，为了繁衍后代延续香火，兄妹成婚生儿育女。人类在原始时期，兄妹或近亲通婚是很普遍的，后来他们渐渐发现，越近血统通婚，生下来的后代夭折的比率就越高，于是人类才逐渐产生"不可乱伦"的道德观念来。

乌丙安在《民俗学丛话》一书中著述道：各民族的史诗、英雄叙事诗中，传唱了古老的议婚婚约；讲述了用多少匹马、多少只羊换来了新娘；描绘了声势浩大地抢夺敌方的财物时夺来女俘在氏族内分配的场面；都有议婚、抢婚的情节。这种婚制远比血缘婚、亚血缘婚进步。

买卖婚是私有制婚姻的代表形式。《周礼》《礼记》中都记载有结婚用聘金彩礼的事实，"六礼"中的纳采、纳吉、纳征，正是议定娶妇身价的各种程序和做法。女家得财物后将女转给男家，脱离女家，等于财物与女子的议价交换。

服役婚，是指男方赴女方家以服劳役为结婚条件的婚姻。这种服役通常有一定期限，等于男方用劳役向女家交付妻子身价的形式。有些宗教经书中就有这方面的相关记载。云南拉祜族过去的婚姻里，就有夫到妻家上门服务十五年的传统做法，去时须带上生活用具、生产工具、家畜，家禽。

这本质上仍然是买卖婚姻，只是不直接以物易人，而是以劳动成果易人，间接一些。

买卖婚姻适应当时的生产力和生产关系，两个部落、家族合而为一，这是人类文明的重大发展。买卖婚姻促进人类种族的繁衍，有效减少了溺死女婴发生，使养女家庭不致于感觉吃亏，平衡了各方利益，平衡了性别。

中国古代，重男轻女严重，古代没有选择性人工流产，但可弃婴、溺婴，生养男女一样可以选择，但男女性别比例没有当下这么大，无女可娶的男人没有当下这么多。这还是在古代一妻数妾的情况下，为什么呢？重要的区别就在于生女家庭是可通过收彩礼得到补偿。

所谓"买卖婚姻",那也要等价交换,或者说"价格和价值"相当,有的不买卖婚姻的,也可实行交换婚姻。而现代社会重男轻女观念比以前弱很多,甚至趋于男女平等,按理说男女比例应当更接近1比1才对。为什么还有这么多男人无女可娶呢?当今社会虽然也收彩礼,但因为法律干预、舆论评价,所收彩礼根本不足以抵消抚养女孩的费用,并且因为计划生育"只生一个",农村交不起罚款,国家工作人员不敢失去工作,在只能选择一个的情况下,即便稍微重男轻女,其天平也向生男倾斜。

中国是不承认有"婚姻市场"的,另外还明文禁止买卖婚姻和收彩礼。《婚姻法》第三条规定:"禁止包办、买卖婚姻和其他干涉婚姻自由的行为。禁止借婚姻索取财物"。但《婚姻法》全文看完,人们没看到婚姻收彩礼有行政措施处罚或纠正措施。

其实各种婚恋著作普遍提到"婚姻市场",各种媒体也认可"婚姻市场"的存在,著名的《缘来非诚勿扰》电视节目中,孟非也提到婚姻市场。"婚姻市场"不是我的发明或发现。

以前的买卖婚姻,女方是被动的作为"物"买卖,收彩礼的不是自己;现在的买卖婚姻,女方是主动的,收彩礼的是自己,或父母代收代管彩礼。女方要求男方婚前房子写女方姓名或者为其买一套房,或者为其买一部名车,否则就不结婚,这其实就是自卖自收。这相比从前有所进步,既不赤裸裸地收现金，又可以避免衣物等生活用品不实用变现难；既能收贵重物品，又能避免收金银招来小偷惦记；既尊重了当事人意愿，又肥水不流外人田。

"我劝天公重抖擞，不拘一格降人才"，龚自珍认为人才很重要。几千万屌丝男及亲人认为几千万男人的婚姻爱情更重要，这关系到他们的幸福和后代繁衍，而人才只是关系发展的问题。屌丝们为何不可以呼喊："我劝天公重抖擞，不拘一格降女人"？就算买卖婚姻，收彩礼又能如何？别人为爱尚且肯奉献生命，自己出点彩礼算得了什么？

彩礼可调节市场供需矛盾

对于男女比例失衡，有关方面也不是坐视不管，比如长期广泛宣传："生男生女都一样，女儿也是传后人"，还有对纯女户给予政策优惠和奖励。农村只有一个女儿的家庭允许生二胎，另外还打击对女儿选择性流产，对弃、溺女婴的行为判处刑罚，民事、政策、行政、刑事各种手段都用上了，但收效不理想，男女比例失衡日益严重。

据《安徽网》新闻，皖北地区"天价彩礼"给当地农民带来沉重的压力，引起社会各界关注。砀山县官庄坝镇发起了一场千人签名的抵制"天价彩礼"活动。该镇还出台规定，党员干部操办婚庆不得超过15桌，不要或不给彩礼，党员干部违规将受处罚。该镇同时还倡议普通群众将彩礼控制在3万元以内。

《澎湃新闻网》标题《农村婚姻市场困局：天价彩礼谁之过，谁之痛？》报道，福建省长汀县政府在全县党员干部中开展"革除婚嫁陋习专项治理活动"，倡导党员干部在操办婚事过程中，聘金彩礼不超过5万元。

天价彩礼谁之痛容易回答，天价彩礼谁之过，上面这报道不肯明说，也许各自都有答案。

应当说县、镇政府的出发点是好的，移风易俗嘛，但彩礼的节节攀升，是由婚姻市场供求关系决定的。女少男多，僧多粥少，不花高价就娶不到老婆，就算官庄坝镇、长汀县的人不给彩礼，别镇外县的人会出高价彩礼，女子外流，官庄坝镇、长汀县娶不到老婆的男人更多。两害相较取其轻，警告、记过等处分处罚算不了啥。话说回来，县、镇政府行政机关权力有限，不能制定法律规章，也没有司法权。县、镇政府就算知道如何治标又治本，又能奈何？

生存和发展是人类面临的两大主题，发展就须解决人类阴阳交合、繁衍后代的大事。收彩礼，有其合理或进步的一面，至少部分弥补了政策和法律的缺失或无力。

中国搞计划生育，主要抓人口数量控制，个别地方政府就对性别失衡、选择性人工流产的管理不给力。地方人大的同志认为农村第一胎性别比大体是平衡的，第二胎大部分是男孩，如果有第三胎，百分之百都是男孩。

有专家建议在刑法中增设"非法组织胎儿性别鉴定罪"，加强对非医学需要的胎儿性别鉴定和选择性人工终止妊娠行为的刑法治理。是否应将非医学需要的胎儿性别鉴定定为犯罪，各方争论激烈。为慎重起见，全国人大常委会2005年进行第二次审议的刑法修正案（六），暂不规定对"非医学需要胎儿性别鉴定"进行刑事处罚。

不增设"非法组织胎儿性别鉴定罪"，可以以该行为对社会危害不大为由，也可以以看法不统一来解释。如果对选择性终止妊娠手术把好关，仍然可避免人为造成性别失衡。可法律是怎样规定的呢？

《刑法》第三百三十六条第二款："未取得医生执业资格的人擅自为他人进行节育复通手术、假节育手术、终止妊娠手术或者摘取宫内节育器，情节严重的，处三年以下有期徒刑、拘役，或者管制并处或者单处罚金；严重损害就诊人身体健康的，处三年以上十年以下有期徒刑，并处罚金；造成就诊人死亡的，处十年以上有期徒刑，并处罚金。"以上这条规定的是"<u>非法进行节育手术罪</u>"，但针对的是"<u>未取得医生执业资格的人</u>"。只要是有执照的医生，其终止妊娠手术再严重，也不构成犯罪，不受刑事处罚。假设同一医院两个医生做终止妊娠手术，可只因一个有执照，一个没有，一个无事，一个判刑十年，这是很大的漏洞和不公。现实中很多人工终止妊娠手术都是有执照的医生做的，胎儿性别鉴定和终止妊娠手术，往往一条龙服务。

而且就算制定了相关法律进行规定禁止，想做手术的人也有办法。现实中有很多人去香港、澳门去做性别鉴定、终止妊娠手术，还有的是去外国做，那些地方没有相关罪名。

男女性别失衡，只有通过婚姻市场调节，让生养女儿的家庭有利，"一家有女百家求"，这样才能有效减小性别差，维护社会稳定。女儿就如房价。房价涨了，自然人人都想买房保值。女儿身价涨了，生女的就多了，光棍就少了，强奸案就少了，嫖娼的男人也少了，这样看来彩礼还是功莫大焉！

对于爱情至上者、理想主义者来说，很反感我提到"婚姻市场"、"彩礼"，莫奈其实也是希望彩礼少些再少些，希望爱情纯些再纯些。

很多炒股的朋友都比我清楚，某只股票上涨，要赶紧建仓、补仓，买进股票，做多头。婚姻市场上，如果女儿是"招商银行"，人们当然就要持有女儿这只股票。不光还没有女儿的想着抓紧生女，最起码不会再傻到怀孕女儿了还要人工流产。

每年大蒜疯涨，"蒜你狠"人人皆知。农民不用多想，种大蒜就是；商人也不用多考虑，收购囤积或批发或零售都有利可图；嫁女的彩礼年年增加，育龄夫妇也不用多想，生女养女就是。大蒜是一年一熟，而女儿须养十八年才成人，20年才能"上市"，生产周期比较长，行情要长期一直上升，要成为惯性思维，不能象其他农副产品那样，三五年一个涨跌。如此，生养女儿的比率年年增加，这样才能保证市场年均保有量年年增加，从而与男人持平。

我前面说进婚姻市场须有房子这个准入许可证，穷屌丝估摸自己要奋斗十多年才能有房子，现在又说要高额彩礼，这辈子别想娶老婆了，这不是要穷屌丝们的命吗？我没有存心和诸位过不去，婚姻市场确实如此，我不说不等于它不存在，这也就是我取名"莫奈"的原因。中国取消计划经济已二十年了，早已经不包分配，工作自己找，老婆得自己找，实在不行咱们回老家难过去吧。爱情只有锦上添花，没有雪中送炭，可以上街乞讨化缘，但能去婚姻市场求可怜吗？

俗话说富不过三代，但很少有人关注穷人怎样。其实穷也穷不过三代，不是三代后变穷为富，而是要断子绝世了。穷人谈不起恋爱，更没彩礼娶老婆。据新浪网新闻，苑仁书和苑书芹本有四兄弟，有两个病故了，因贫困终生未娶，相依为命60余年。他俩一辈子都在河北邢台市内丘县的太行山深处，过着日出而作、日落而息的生活，至今仍然靠点蜡照明。当年，苑仁书的太爷爷逃荒于此，开荒建屋。他们是第四代，也将是最后一代。

常听到剩女们说：我其实要求不高，我只要他对我好，把我当宝就行了。每每听到这样的话,相信很多人想讲上面这故事给她们听,苑家兄弟及其他如他们一样的汉子,其心如山泉水般纯净、甘甜,绝对不会花心,更不会背叛,绝对宁愿自个挨饿也要让老婆吃好。虽然"苑家兄弟们"情越来越多、越来越真,可光顾他们的人却少之又少。

也许有那么些人会说我抬高婚姻市场"物价",与主流价值观背道而驰。说这些话的人多半是自己或亲人不愁娶老婆的人,所谓站着说话不腰疼。几千万男人的幸福和婚姻大事,比啥价值观都大。虽然娶老婆筹集高额彩礼费痛苦,男人已过婚嫁年龄无女可娶更痛苦,甚至连缺手少脚的残疾女人都没有。前一种情况的男人还可逛逛婚姻市场,期待打折处理价;后一种情况都不用进婚姻市场了,因为货已售罄店家已关门。两害相权取其轻,去婚姻市场做个问卷调查,看看男人选哪个答案。

爱情绕不过的坎

婚姻爱情有很多坎绕不过去,有时甚至就期待有这些坎,因为这些坎让人痛并快乐着。那么都有哪些坎呢?物质、经济、生育等等都是爱情婚姻的坎。

改革开放之初,中国很多电影电视女明星嫁到外国,就是因为刚开国门，一下发现外国物质如此丰富、光怪陆离，让人眼花头晕。嫁不到外国的那些人，都被认为没本事，或者认为自己不够漂亮。很多女明星放弃在国内如日中天的事业，放弃千万人的崇拜和迷恋，放弃星光灿烂，放弃许多帅哥才子的追求，舍近求远，毫不反顾的拥抱在学校灌输批判过的"腐朽的资本主义"，这就是物质引力的作用。

那时中国经济落后，所以对物质特别饥渴，那国外经济发达，是不是爱情关注物质就少些呢？实际是外国的月亮并不比中国圆。

伊丽莎白·阿伯特在《婚姻史》一书中有如下观点：十九世纪初，虽然因感情而结婚成为流行的公众观点，在北美的资产阶级和上流社会中，金钱、产业和经济前景依然是择偶时首先要考虑的条件。

美国有个最古老、最富有、最奇特、最大的财富家族，这个家族至今已保持了200年长盛不衰、世所罕见，它就是杜邦家族。20世纪90年代，这个家族视家族财富为第二生命，权力传代非常独特。在第三代中，家族内部至少有10对堂表亲之间的婚配，成为美国近亲联姻最多的大家族。父辈创业，第二代再创业，第三代守成加创业，财富绝对传给家族成员。

美国科学发达，杜邦家族子弟都受过良好教育，很清楚近亲结婚对后代的健康是非常不利的，对家族的传承有很大风险，可是相对于财富的分散，两害相权取其轻，他们认为还是前者损失小，还是选择前者这小害。

日本有人做过调查，40岁左右的女性，面对两种对象，一种是60岁左右有经济实力的男人，另一种是有理想但没有经济实力的20左右的男人，结果大部分女子选择第一种。有人对不同国家地区、不同文化的人群做过调查，女性普遍比男性更加重视结婚对象的经济状况。

前面绕不过的坎是物质，很多少数民族绕不过的坎是生育能力。这是因为在边远山区，手机、电器、汽车、商品房等这些用不上，就是钞票使用都不多。他们重视增加劳动力、重视传宗接代。他们有朴素的思想，有劳动力才有生产力，有生产力才有生活物质和种族延续。黑衣壮保持族内婚，女人怀孕要生子才去丈夫家，这实际就有试验生育能力的因素考虑在内。

"云南十八怪，背着娃娃谈恋爱"，去过云南的人都听说过云南十八怪的顺口溜。怒江州彝族各种生了小孩过门的传说实际是少数民族试婚习俗的遗留。试婚试什么呢？试生育能力，试身体健康。少数民族重视人丁兴旺，而以前医药卫生水平低，生产力低下，很多妇女生小孩保不住，有的母子都保不住，这让男方人财两空。娶妻当然要娶能生育的女人，娶能生育还要母子平安的女人。生小孩了，证明女人有生育能力且健康，这才真正有资格进婆家门。

法国皇帝拿破仑·波拿巴决定和皇后约瑟芬离婚，虽然他很爱约瑟芬，但还是希望能有一位给他生孩子的妻子，而她几年前就被确定为不育。即便拿破仑弥留之际，最不能忘怀的还是约瑟芬，口中不断念着她的名字。

最吸引发达国家男性的是拥有丰满的胸部和紧致腰肢的女性，用通俗的话说，吸引人的是性感。是否妊娠，跟女性荷尔蒙——雌二醇有关。雌二醇量多的周期，容易妊娠。拥有丰满胸部和紧致腰身的女性，比起没有这些的女性，雌二醇的量要多。这表明身材好的女性妊娠和生育能力较高。

当然很多地区或民族以胖为美、以腰粗为美。如非洲的毛里塔尼亚，认为肥胖的妇女能生育、家庭富裕。南非人有一种"肥胖=收入高"的观念，只有收入高的家庭才有充足的食物吃胖，这也能说明物质与爱情的紧密关系。

中国很多农村、山区，男人找老婆就不喜欢苗条的，认为是花瓶，养不起，想找腰粗壮的，能做农活的，如此选择，也是经济基础决定的。经济落后地区，生产力低下，生产包干到户后，男人一个人干活效率低，需二人配合。女子能做粗活，才能获取更多生活资料，从而养育后代。

外国的月亮和中国的一样圆，中国的爱情婚姻和外国一样，不可能是纯净物，需要考虑多种因素。

求婚钻戒是抵押物、毁婚赔偿吗

在中国,无论以前婚姻中的纳采、纳吉、纳征,还是后来的彩礼,本没有钻戒或钻石什么事。

钻石按功用分有工业钻和首饰钻,按来源分有天然和人造钻。人们最早发现钻石并没有觉得它特殊,只是觉得其硬度指标这个特性可以在工业上有点用处。1955年人们通过高温高压获得人造金刚石的技术后,天然金刚石的最后一点工业价值也失去了。

危机关头,戴比尔斯公司粉墨登场了,告诉大家女人离不开钻石,钻石稀有、璀璨,一颗钻石成就一段幸福人生,是婚姻的见证。

"钻石恒久远,一颗永流传"这句广告词被美国《广告时代》评为20世纪的经典广告之一,它成功地灌输强化了这种思想:钻石戒指作为订婚戒指的传统是不可或缺的。

后来有心人配合戴比尔斯公司打造的钻石文化,又开发出"求婚钻戒是抵押物、毁婚赔偿"的功用和内容。

以上啰嗦了那么多,就是想剥掉其面纱和包装物,对钻石钻戒验明正身。其实无论在中国还是欧美国家,钻石百年前都和爱情无关,都不存在钻戒是抵押物、毁婚赔偿的传统。

钻石只与戴比尔斯公司有关，和商业有关。

上面说了好多"废话"，现在说点关健的，中国的法律是怎样看待的呢？

求婚钻戒，是彩礼的一种，或者说是彩礼的表现形式。如果它是对方索要的，那就是婚姻买卖中的对价或交换价。很多离婚判决案例表明，如果双方结婚后离婚，男方想索回钻戒，法律一般是不支持的，在法律上那叫"赠送""赠与"，自赠送之日起，所有权归女方，男方不能后悔。如果双方最终没有结婚，男方要求返还的，法律一般是支持的。讲个浅显的道理，男方给付钻戒就相当于购买货物的货款，如果最终得不到相应的"货物"，这里的"货物"是婚姻，那么按常理就应当退款。法不外乎人情，男人向女人求婚才献上钻戒，所谓一手交钱一手收货。女人如不给对方婚姻，按等价有偿原则，就别收别人东西嘛！

结婚戒指的佩戴起源于古埃及，当时是代表着契约的一部分，把它戴在无名指，表示已经订婚或结婚。

从法律的角度，婚戒有特定的形式和内容，等同于"商标"或"商品标签"。"商标"表明这女人已经名花有主，换法律名词来说是"所有权归男方"，其他的男人别想打主意。女人也要记得自己是有主的人，不能和其他男人有不正当关系。政府也认可男女双方的夫妻关系，以前是承认事实婚姻的，不需婚姻登记，只要履行了传统仪式就成。为何要说"商品标签"呢？商场的商品都有标签，上面有产品名称、单价、数量、售价，这里"商品标签"上的产品当然是钻戒，因钻石单价比较稳定，克拉数也能一目了然，其单价、数量、售价不言自明。通过"商品标签"，观众当然也知道男人付出的代价有多少，或者按戴比尔斯公司的钻石文化，观众能看到男人爱女人有多深。

不管是想获得钻石的拜金女，还是想看清男人爱自己有多深的女人，不管是想得到婚姻爱情的男人，还是想得到女人身体的男人，当然还有想获得丰厚利润的戴比尔斯公司，他们都通过钻石达到目的，各取所需，皆大欢喜。戴比尔斯公司的广告真不愧被评为 20 世纪的经典广告之一，能达到多赢的结果，要让我来评，它必须是 20 世纪的经典广告之最，而不是之一。

孔雀东南飞，爱情飞向哪里？

高海拔地区环境优美，
低海拔地区米多鱼肥。
人们留恋美丽的家乡，
孔雀却喜欢东南飞。
房子是爱河的分水岭，

岭上常有河水高潮包围。

山区的人不会游泳,

平原的人擅长浪头扬威。

满耳都是甜言蜜语,

他们不讲普通话。

身上带着钻戒黄金项链,

捕猎不用弓箭刀叉。

放生多余的猎物,

却痴傻不懂回家。

多少米能换一条鱼呢?

春节要带一条见爸妈!

这首诗名《爱情大陆》,以下这文章会慢慢解说。

为解决贫困地区老百姓的生产生活问题,政府推出异地移民扶贫安置政策,但因为故土难离,有的农民一时思想做不通,不愿意搬迁。我倒是建议驻点包村干部换个角度,从婚姻爱情的流向来给农民做思想工作。

女人们不但要考虑嫁什么样的人,还要考虑嫁到哪里。从男人的角度,则要顺应女人的想法,追逐"爱河"的流向,确定自己生产生活的地方,以便能沐浴爱河,最不济也要取一瓢饮。我们可以把爱情婚姻的流向等相关情况绘一幅图。

从全国地图来看，"爱河"的流向是从西北、西部、西南部流向东南沿海地区；按省级地图来看，是从各县市流向省政府所在城市或副省级城市（如深圳）；从县市地图来看，是从县流向市区；从县级地图来看，是从乡镇流向县城，是从山区流向平原。

学生时代，同学们重文轻理。在文科中，地理最不受重视，以后地理老师可以多一条理由劝学生学地理了，地理很重要，因为地理关系恋爱婚姻的大事，爱情地图不但要知道，还得深入研究。

在爱情地图上，贫困就是山，富裕就是平原；海拔高的地区是钞票厚度低的地区，海拔低的地区是钞票厚度高的地区；"爱河"流过的地方出产幸福，房子是"爱河"的分水岭；爱河的水深淹不了汽车轮子，驾驶汽车能轻易进出爱河；"爱河"两岸盛产玫瑰，男人女人都喜欢以玫瑰为食物，远离"爱河"两岸的则是偏远地区，多产有红豆和红叶，偏远地方的男女以其为调味品；爱河中的男人喜以钻戒、黄金项链、黄金手镯做为捕猎工具，女人喜欢以黄金项链、黄金手镯做为幸福标志。

爱情地图上的气候是以彩礼多少来划分的，寒带是东北三省、上海、天津，彩礼或聘礼在五十万元以上；温带是江西、青海、山东、河南、浙江，彩礼在十万元以上；全国其他地区都是亚热带，彩礼在二万元以上，适宜爱情种子生根发芽并成长结果；而重庆彩礼最少，四季如春，是避暑胜地。当然同一省区市中，因范围较广，温度气候也会有不同，男人们仍然需要深入了解。

"南国秀丽，其佳人多杏目柳腰、清艳妩媚；北国苍莽，其仕女多雪肤冰姿、妆淡情深。"北方女人比南方女人平均高十厘米，北方女人具有身高腿长的优良性状，利于徜徉爱河，擅长爱河中捕猎、觅食；"北方有佳人，绝世而独立，一顾倾人城，再顾倾人国"，虽然北方"一顾倾人城"的女人不多，但一顾倾人心、让男人神魂颠倒的，可是很普遍的。套用"近墨者黑"这句俗语，东北女人则是"近雪者白"。这也是为何东北三省彩礼最高的理由。千年前古人汉武帝和李延年已经帮我们估价定值了，彩礼虽高，但物有所值。

读懂爱情地图，男人尤其地处亚热带的男人要尽量避免去寒带拈花惹草，即便是在亚热带谈情说爱，也得先搞清其是否产自寒带，以免到谈婚论嫁时才明白须支付高额彩礼。那时男人已支付定金，进行了数月感情和经济投资，如反悔，损失不可挽回。

女性通过婚姻向发达地区的迁移恶化了经济欠发达地区的性别比例，使其在一定程度上承受了经济发达地区性别比例失衡的负担。据国家统计局的最新数据，2011年我国15岁以上未婚男女比例为135∶100。这意味着，在近期，中国将有接近26%的达到适婚年龄的男性无法找到另一半。男性只有更加努力才能在婚姻市场的竞争中胜出。

一线城市海拔最低，"爱河"水流量大，剩女也多，对于婚姻市场属于女方市场来说，男人无疑选择来一线城市安身立命，取水一瓢饮，最好到中流击水，看浪花无数。男人如无法在一线城市发展，也要去其上游，截断"巫山云雨""高峡出平福"。

"孔雀东南飞，五里一徘徊"，很适合描述当代女子的矛盾婚嫁心理，有对美丽家乡的依依不舍，有对父母亲人的牵肠挂肚，有对美好纯净爱情的苦苦追求，有对异乡气候、风俗习惯、人生地不熟的深深担忧。虽无数次回头，他们也无法拒绝物质经济的诱惑，无力地随波逐流，顺"爱河"流向东南"低海拔地区"。

那些贫困地区的干部，对于我这篇文章想必心情复杂：向农民宣传吧，当然对异地移民扶贫安置工作有用；可副作用也是存在的，男人会为找老婆跑到东南地区。最终的结果会使该地区只剩老幼病残，劳动力缺乏，发展无力，恶性循环，永远甩不掉贫困帽子！因此，我同意他们因地制宜，对我这文章做适度改编。

感情逆差和经济逆差

在经济学上,有"贸易逆差"这个名词,指的是一个国家或地区,在一定时期内(通常为一年)向国外出口商品的总值少于从国外进口商品的总值。反之就是贸易顺差。

在爱情婚姻里,也是有"逆差"的。在一个时期内,婚恋中的男人或女人向对方付出感情的总和少于对方向自己给予感情的总和,就叫"感情顺差",反之则是"感情逆差"。在一个时期内,婚恋中的男人或女人向对方付出经济的总和少于对方向自己给予经济的总和,就叫"经济顺差",反之则是"经济逆差"。

在恋爱初期,一般是男追女,男人给予女人的感情多,女人多半被动应对,少有付出,对于女人来说是"感情顺差";在这个时期,吃饭、购物、游玩,送女人礼物,一般也是男人买单付账,女人基本没有经济付出,对于男人来说,"经济逆差"严重。

在热恋时,女人的感情付出明显增多,基本会和男人给予的感情持平,有部分女人甚至超过男人,而达到"感情平衡"或"感情逆差";在这时,吃饭、唱K、购物、游玩等花费明显成倍数增加,一般也是男人买单付账,送女人的礼物也相对贵重且次数增多，对于男人而言，"经济逆差"扩大，经济赤字严重。但以"经济逆差"换取"感情平衡"或"感情顺差"，很多男人还是不后悔。

随着男人的"感情逆差"和"经济逆差"增大，这个男人的爱情分值也相应增大。有投资就有回报，还是古人说话文雅，那叫做"有心人天不负"。我们再来回顾下爱情公式"爱情＝物质＋感情＋其他"，其中的得分科目"物质"，如果说以前只是一个数字，或是一个概念中的物质，离女人还太远，现在是让女人实实在在感觉到、享受到了，女人对"物质"能带来的好处有了实在地体验；另一个得分科目"感情"，在恋爱前是零分，现在分值是直线上升，直逼"沸点"。

经过一段时间的考察和亲身体验，双方的"感情"分值都大幅提升，直逼"临界点"。其他男人或女人的爱情分值，因"感情"科目得分为零，放眼世界亿万男女，眼前的这个男人或女人，就是总分得分最高的，就是"天地合乃敢与君绝"的那个人，双方时刻准备着越过"临界点"，燃烧彼此，点亮夜空。此时应当有音乐响起，"你就像那冬天的一把火，熊熊火焰温暖我心窝"。

双方婚后一段时期，双方的爱情分值都是最高的，爱火能燃烧不熄不减。

据专家考证，一般有个四年的爱情保鲜期，说是"荷尔蒙"或某激素这些助燃剂会逐渐减少。四年之后爱火逐渐减弱，不但照亮不了夜空，甚至百平米的陋室也有时照不到，常需要电灯照明。

四年及之后的七年之痒，女人付出的感情多过男人给予的感情，对于女人来说是"感情逆差"。女人独守空房时或和男人吵架时，会经常回想，婚前"感情顺差"的美好：男人节假日无论有事没事都陪伴自己度过，男人无论多忙都下班时接送，男人无论因何原因争吵，最后都向女人认错让步。两相对比，女人难免会怀疑男人前后判若两人，"男人变心""上当受骗"这样的词汇便常浮现脑海。

四年及之后的七年之痒，男人付出的感情少于女人给予的感情，难得一回"感情顺差"，男人认为女人生了小孩，被套牢了，可以放松下。以前的爱情套路和程序就不认真执行，如生日送礼、祝福、出差时的电话问候、晚回家时请假。另外一般家庭中男人挣钱养家，经济上男人付出多过女人给予的，男人表现为"经济逆差"，这也让男人心安理得，不会因为女人不满"感情逆差"而有所愧疚。

也有的女人生小孩后，较多感情灌注在小孩身上，女人做全职太太，男人在无论感情和经济上对女方的付出都多过对方的给予，都表现为"逆差"。此时女人的"感情"分值下降很大，加上不修边幅，"相貌"科目得分也下降，男人和女人的爱情分值差距拉大，双方不再有卿卿我我，男人会有对方不匹配自己的想法，女人也能感觉到男人不像以前那么在意自己了。双方在适合的环境、适合的人物面前会有红杏出墙或出轨的剧情发生。

此时婚姻和爱情就出现了赤字，有的科目就有待补课提高分值了。国与国之间，贸易顺差和贸易逆差都不可能长久，只有贸易平衡双边关系才能健康稳定，夫妻之间同样如此，也需要爱情分值的匹配和平衡。

爱情是价值交换和等价交换，不因为进了婚姻的堡垒就有所改变。如果一方付出价值大，会有怨怼和牢骚，另一个长期接受怨气和轻视，也会有相应反应。如此恶性循环，久而久之，家将不家。能忍受的，维持着过，不能忍的，或者外面有更好候选人的，就会选择离婚。

那些不求回报一心付出的故事和人物，在小说、电视、电影中常见，但我们又不能化身进入小说、电视、电影中去扮演那些只接受对方付出的角色。如果我们以自己为主角按同样的情节排练，却不知另一个主角肯不肯配合自己的演出？

有人愿意无怨无悔地为自己付出，有人愿意为自己上刀山下火海，那不是坏事，但可遇不可求。如果一心去找这样的人，就是自私了，人人都去找，那谁来付出呢？

法律对婚姻、爱情商品性的态度

2011年8月12日，最高人民法院公布了《最高人民法院关于适用(中华人民共和国婚姻法)若干问题的解释(三)》。解释的重要规定是："一方父母出资为子女购买不动产且产权登记在自己子女名下的，应认定为夫妻一方个人财产。""一方婚前购买的不动产，应归产权登记方所有"。这"解释"一出，就成为当时的热点问题，无论是网络上，还是现实生活中，都听到女人叫屈喊"冤"，女人们都说嫁人几年后如果离婚就亏了，什么也没得到。

其实法律就是想引导公众，结婚是为了感情，而不是为了物质。有婚恋专家著书，说"解释""让婚姻成了赤裸裸的交易，没有一点人情味，它眼里只有钱，没有爱情"。这些"专家"是在误导公众，误导舆论，不能领会立法的目的。实际恰恰相反，婚姻法解释是在提倡纯净的爱情，不让婚姻成为交易，引导公民为爱结婚、不为物质嫁人，让拜金男女目的落空。他们就不能一边口口声声说爱你，一边却眼睛紧紧盯着人家的钱袋！到底爱他（她）这个人还是爱他（她）的钱呢？

此"解释"出台，谈婚谈嫁时，女方对男方的婚前财产重视程度会相对减弱,而男女双方共同奋斗打拼的美好场景必然会越来越多。这能让更多的屌丝男也能进婚姻市场逛逛,甚至"购物"。

那些女孩"宁愿坐在宝马车上哭,也不愿意坐在自行车上笑",想哭就让她真正地哭,哭个够吧,买不起宝马车的屌丝男和坐不上宝马车的灰姑娘是很乐意于看到、听到的。

《婚姻法》及相关法规规定夫妻双方互相要忠实专一,就如同一项发明专利,夫妻双方虽然"产权"归自己,但"使用权"为对方获得,只有对方才有"独占许可权",有独占实施的权利,"性"和"情"等只能由对方实施,权利和义务不能转让。婚外恋实际是私自处理"使用权",既违约又违反法律规定。被侵害权利的一方,是可以要求对方赔偿的,但对于不当使用的第三者,似乎却没有赔偿使用费的规定。

从以下规定看,法律是有条件地处理婚姻"买卖"的。只要被拐卖妇女没意见,国家不强行拆散双方。

《最高人民法院关于审理拐卖妇女儿童犯罪案件具体应用法律若干问题的解释》第五条,"收买被拐卖的妇女,业已形成稳定的婚姻家庭关系,解救时被买妇女自愿继续留在当地共同生活的,可以视为'按照被买妇女的意愿,不阻碍其返回原居住地'"。司法实践中尊重妇女意愿,不强行"解救"其回父母家，不拆散其夫妻关系。

我前面说到爱情交换，说过婚姻买卖，但婚姻和爱情可以转让吗？答案是不可以，婚姻爱情为男女双方共有，一方是不能换名和转让他人享有共有权的，就算一方移情别恋，双方另寻新欢，那也是旧爱旧婚消灭，新爱新婚产生，不是转让的结果。

"七出三不去"与婚姻法

在中国古代，法律不健全，很多部门法没有，比如环境保护法，但对于婚姻制度，还是很重视的，规定相对完善。

古代的婚姻规定，主要为"七出三不去"，"七出"是男子可以休妻的七种情形，"三不去"是男子不能休妻的三种情形。清朝时的"七出"是："无子、不事舅姑（不孝敬公婆）、淫僻、嫉妒、恶疾、多言舌、盗窃"。"三不去"是："有所取（娶）无所归，不去"；"与更三年丧，不去"；"前贫贱后富贵，不去"。第一种情形是说，娘家父母都已不在人世，回去后无处安身，可以不走；第二种情形是说，与丈夫一起为公、婆守孝三年的，可以不走；第三种情形是说，原本很穷，后来富贵，想休掉妻子，不行。

现在的婚姻法，讲究男女平等，男可"休妻"，女也可"休夫"，婚姻法以感情是否破裂为标准。当代夫妻如果有"七出"之一种情形，一方坚决要求离婚，大多数会被认为感情破裂，法院准予离婚。其中"淫僻"为婚姻法规定有过错的情形，"不事舅姑"在婚姻法中也有相关规定："家庭成员间应当敬老爱幼"。如果一方有"恶疾"，患病或身体受到伤害，依婚姻法规定，此种情况应当"互相帮助""夫妻有互相扶养的义务"，法院不准离婚。

"三不去"原来是为了保护妇女权益、限制男子权利的，现在男女平等，自然其规定在婚姻法中没有体现。"前贫贱后富贵"，女方又没有其他过错，如果男方要求离婚，法院一般认为男方"陈世美"，要移情别恋，不会准予离婚。

古代婚姻有"五不取（娶）"作为婚前的防范手段，分别是：1."逆家子不取"——不听长辈话的女子不娶；2."乱家子不取"——爹妈生活作风不检点，有过绯闻，生活糜烂，不娶；3."世有刑人不取"——家有犯罪的不娶；4."世有恶疾不取"——家中有恶性疾病的或有残疾人的都不娶；5."丧妇长子不取"——母亲过世的长女不娶。

从现代社会的择偶实际来看，有第1、2、3种情形，男女谈恋爱或结婚选择对象时，肯定会有所取舍或减损对方得分，特别是第2、3种情形，很有特别说说的必要。很多人选对象，不看人品，只看女方长得漂亮或男方长得帅又有财，就不在乎对方有过绯闻，生活糜烂。古代的父母生活糜烂，虽然家风可能教坏孩子，但还不是儿女必然就坏呢。虽然说"近墨者黑，近朱者赤"，但只能是概率大，不全都是近墨者黑。古代还只是家人犯罪，还不是对象犯罪或品行不端。可是如果其人"本身就黑了"，是不是也应学学古人，"乱家子不娶"呢？而很多女人找对象，不看对方是否犯罪或品行不好，只要有财富有势力有地位，就给其加分，弃其他追求者而选定他。

当下中国遵纪守法的光棍汉大把，女人们还是多把眼光停留在他们身上，这对政府建设法制中国是有好处的。有些男人不爱听政府的号召，但听从女人的喜好。如果女人们都喜欢遵纪守法的男人，那么男人必然是"唯命是从"，投其所好，恋爱时第一项介绍就是"我是守法公民，没有犯罪记录"。

从社会实践来看，有犯罪记录的男人，对妻子的忠贞度，远远低于没有犯罪记录的男人；有犯罪记录的男人，离婚率也远比没有犯罪记录的男人高得多。从这里也能看出古人的智慧，这对当代的人们还有借鉴的价值。

夫妻婚后一方犯罪服刑，另一方起诉离婚的，法院一般会视为夫妻感情确已破裂，判决准已离婚。

对于"世有恶疾"的，比如遗传病，对很多男女恋爱结婚选择对象会有重大影响的如"患有医学上认为不适宜结婚的疾病",婚姻法还禁止结婚的。

从"五不娶"也可看出来,从古至今,结婚谈恋爱不仅仅是两个人的事,还是两个以上家庭的事。谈恋爱结婚也不仅看"人",也看对方的背景、社会关系和经历。

第二章

在婚姻市场上实现价值交换

早恋，先到未必先得

小学中的早熟男女双方，走得近的，女生散发少许"花粉"，只是朦胧的两性吸引，更像是人类之前的动物本能，或许还谈不上爱情吧。早熟品种毕竟与季节不符，说早熟其实是激素使然，其实未熟。

中学校园时代，青年男女情窦初开，加上电视电影爱情片"教导"，总想尝试、模仿一番爱的滋味。仅仅因为一个招呼，一个邀请，双方就牵手了，加上社交范围小，没有多少选择余地，基本都是"中短期培训"，学校毕业，爱情也肆业了。

大学没有生活压力、工作压力、购房压力，大学是相对封闭的、不成熟的市场，物欲较少，双方都没有多方报价、询价、还价，更没有公开"招投标"，基本都是近水楼台先得月。一旦离开校园，双方就进入一个完全开放的、成熟的市场，这时双方都程度不同的意识到以前的"报价"考虑不周，特别是女方，来询价的很多，潜在的签约者更多，而且报价都不比校园男友低。

有句话叫"毕业即失业"，道出了扩招后大学生就业的艰难，同样的，"毕业即失恋"，也道出了校园爱情修成正果之不易。大学生们为找个好工作绞尽脑汁，客观上也只有搁置、甚至放弃爱情这门课，毕竟生存和发展是人生的两大主题，而爱情不是，那都是在"饱暖思淫欲"以后才考虑的事。

准确估分，合理报价，及早规划

飘落的枫叶

第一次遇见你，

浅笑临春风，

是否等待我来哄？

你的心，我没有懂。

再次见到你，

一身青葱，

好想抚摸……

却只有冲动！

第三次见到你，

枝繁叶茂，绿色浓，

而我依然，

两手空空。

很久很久以后，

你决意，为初恋而红，

用尽，最后的力气，

飘落我怀中。

你我用激动，

温暖凛烈的寒风，

我怎么不去把你哄？

枫叶为何不开始就红？

    任何一个大学，现在都重视大学生就业问题，基本都做过相关就业培训，比如"我想找什么工作？"、"我能做什么工作"、"先就业，后择业"等这样的课程内容是必须有的。

    为什么要搞清"我想找什么工作"？按人力资源专家的话说，要有职业规划，比如想做会计的，得先考会计证，学习相关财务知识和技能。每一个职位都很多人应聘，有准备的都不一定应聘得上，没有准备必然落选。

    为什么要搞清"我能做什么工作"？谁都想找个轻松、待遇好、体面的工作，重要的是自己能否胜任，即使能胜任，自己在众多应聘者中可有优势？

    为何"先就业，后择业"？那是因为就业不易，应当首先解决生存问题，先积累工作经验，再择业，最大限度激发自身潜能，完善自我，促进事业成功，职业规划分几步走。

可惜的是中国的各所大学，一般不做婚姻爱情培训，全靠同学们各自摸索。

婚姻市场上也有类似的问题："我想卖什么价格？""我能卖怎么价格？""我想找怎么样的人？""我能找怎么样的人？"很多男女，只喜欢回答"我想"的问题，却不喜欢回答"我能"的问题。

"我能卖怎么价格？""我能找怎么样的人"？要问答这问题，那要首先确定自己的爱情分数，然后再考虑向哪个阶位的男人或女人"投档"。男方按照爱情公式"爱情＝物质＋感情＋其他"计算，女方按照爱情公式"爱情＝相貌＋感情＋其他"计算，如果二者分数不相上下或男方比女方稍高，就是匹配的。

因双方没有进入正式程序，感情没发生，"感情"分可假设双方分值相等；对于"物质"分值，以男方有能力在工作地支付首付购房并有能力按揭还款为六十分，面积是达到婚姻准入证的65平，多于65平的依次增加分数，不足或无力购房的则减少分数；"相貌"分值要确定一个及格分稍微有点难，可以站在大街上随机抽取百名年龄相仿女人为样本参照，倒数第40名定为60分，以下的逐次递减，以上的逐次递增。

如果男方"物质"极为丰富，即使其它科目分数极低，也可大胆向高二个阶位的女人投档；女人如果"相貌"极为出众，分数达到优异，也可大胆向任一高阶位男人投档。

男人如果物质分数在60分以下，只能向低一二阶位女人投档；女人如果"相貌"分数60分以下，只能向高一阶位或同一阶位男人投档。

因为婚姻市场上男多女少，"先就业，后择业"，基本上是针对男人来说了。别怪男人花心，也别说我在此散布爱情不专一的理论，这是生存法则，粥少僧多，男人首先得维持生命，然后才能想如何改善生活不是？人才市场和婚姻市场，道理是相通的。

据专家考证，大学生们将初恋修成正果的比例极低。这就是人性的弱点，总以为后面还会有更大的"麦穗"或"玉米"等着自己摘取，因此，总得有个初恋做那个牺牲品！

如果"我想找的人"和"我能找的人"之间有较大差距，也不要紧，临渊羡鱼，不如退而结网。这就像想考名牌大学的人分数不够，明年下功夫再补考一年就可以了嘛。电视剧《父母爱情》中，因没文化被白富美安杰拒绝后，江德福被拒绝后并没有放弃，而是通过看书、学写毛笔字等提升自我修养。江德福从多个科目提升分数，最终抱得美人归。，

有些人在报考之前就会冷静分析自己和一众考生的优

劣，锻炼或制造自己美丽的羽毛，以期"孔雀开屏"时能吸引异性的眼光。诺贝尔文学奖得主莫言想娶木匠女儿，可自己没有啥优势，只是比别人爱写点东西，因此学写小说，以期在众多候选人中增加自己的亮点卖点，后来如愿以偿。他自己也不认为自己是写作的料，为了能始终给老婆惊喜和期待，只有努力再努力，却一不小心就获得诺贝尔文学奖。

每个人的潜力有限，就算补考，大部分人在第二年的分数提高不大，有时甚至比上次分数还低，而且象江德福那样提高文化修养，增加的分数也有限。因为在爱情公式中，"文化"科目所占的分值不大，男人须得在"物质"科目的补考中使分数有大幅提升。"花开堪折直须折，莫待无花空折枝"，为免成为剩下的那部分人，应当谨慎思考。

剩女质高也得随行就市

电视剧《女大当嫁》中的姜大雁是个女大学老师，为了把她嫁出去，家人、朋友绞尽脑汁，用尽各种手段，看走马灯似的相亲，最终"剩女"依然难嫁。

同样的一手楼房，挂牌销售多年的房屋，其竞争力肯定不如新建楼盘。前者使用期限会比后者少了N多年，前者挂牌多年，"卖点"已炒了很久，购房者不再感冒，升值潜力很小。

婚恋市场没有政府定价，也没有政府指导价，都是市场调节价，一切价格都以市场为依据，以销售为目的。剩男剩女没有价格标签，那些标准和要求，都是自己随心制定的，他们需要的只是调整自己的要求和标准。

中学时学的《政治经济学》告诉我们，在资本主义经济危机时，资本家会大量裁员，降低工资。由于工人阶级收入低，购买力下降，购买不起各种生活必需品。资本家宁愿把卖不去的牛奶倒入江海，也不降价销售这鲜明地揭示了剥削阶级的本质。我们在学生时代就痛恨这些万恶的资本家。有些剩女宁愿"一剩到底"也绝不调整自己的要求。屌丝男虽然不会像对资本家那样去痛恨她们，但联想到婚姻市场的女性资源稀缺，他们的不满也是无法掩饰的。

资本家倒掉今天的牛奶，明天还会有新的牛奶，倒掉牛奶的损失可以从新的牛奶那里得到补偿。其利润和收入不会有大的影响。但剩女们能把自己"倒掉"吗？每个剩女只有一份"牛奶"，不销售就实现不了价值和交换价值。

就算剩女降低标准和要求，其所对应的男人，其各方条件也不比女人差，比如女人总想找个各方面比自己高的男人，大专找本科，本科找硕博，一米六找一米七五，收入五千找收入一万的，无房找有房，灰姑娘找白马王子，就算各项指标都降低一到二个档次，男方也只是和自己同一台阶而已。

高文凭、高收入、高职位（或高个子）的"三高"剩女，为何就不一定比低文凭、低收入、低职位（或低个子）的三低适婚女售价高或嫁得好？三高剩女如同名优特水果，十年左右时间就算再保鲜，其品质、口感、卖相、营养成分都会下降。三低女子在适婚时嫁人，就如同普通水果，在刚摘下时销售，微量元素含量少但口感好，甜度稍低但有味道，个头不大但看起来水灵，绿叶衬托红果勾起购买欲望，各项指标综合得分不见得比前者差，何况好水果还得赶得上好时节吧。

　　高学历不代表着高情商，即使在重视文化和技能的人力资源市场，也并不是文化高或者说文凭高的就比文化低或文凭低的人受欢迎，前者的收入也并不都比后者要高，比如毕业三年以下的大学本科生就比农民工、技术工平均工资收入低，也没有后者受欢迎，很多大学生找不到工作就是明证，而普通工缺口很大，按官方统计，东莞市就缺十几万普工。

　　参考消息网有一篇文章标题是《外媒：中国女研究生结婚率下降明显 对方学历低看不上》。2016年11月，中国社科院人口所主编的《人口与劳动绿皮书：中国人口与劳动问题报告No.17》在北京发布。报告指出，2000～2005年，婚姻匹配的基本模式是丈夫的受教育水平高于或等于妻子。在接受了高等教育的女性中，这个偏好仍然存在，且没有发生改变的迹象。如果匹配模式不变，那么接受了研究生教育的女性，更难找到相应配偶。

绿皮书称，按照婚姻阶层假说，在正常情况下，男女都会偏好同一个阶层的异性。但是，如果男性出现了减少，则男性会娶到更多高阶层的女性。第一次世界大战导致法国的青年男子减少，高阶层的女性只好"下嫁"低阶层的男性。

高教育经历那也是存在于所学专业，对爱情婚姻领域所学不多。高学历女人对于家务不但不学，有很多还不会做，而低学历女人普遍对这门功课很擅长或得分高。

硕博们，埋头研究，皓首穷经，进出于象牙塔，社会交往少，对于情感、心理、与人交流、社会适应能力方面就是弱项。前几年就有相关新闻，女博士被小学未毕业的男人拐骗，后被卖给他人为妻。

《燕赵晚报》有一篇文章《女博士是灭绝师太！高学历女性遭遇四面楚歌》。文中说到：女博士自身也存在一些原因，比如性格孤傲、难以相处等。此所谓，"书读得多了，总有些目中无人，难以相处"。

收入、学历、职位越高的女人，对于幸福生活的要求也就会越高，婚姻稳定系数就越低，对于平凡生活的容忍度就越低，既要求男人有不少的物质保有量，又要求精神层面的丰富。欲望多则幸福感低。男人如果有选择的话，肯定选那些幸福感高的女人。那些幸福感高的女人能给男人带来更高的肯定、仰视、崇拜，能让男人有更多的幸福体验。

经济领域有鼓励交易原则，促进交易原则，即使合同项下的货物有瑕疵，也是先修理，后重做，实在不行才退货。秉承同样原则，笔者在此也希望剩女尽可能进婚姻市场，完成价值交换，为国家国民生产总值和社会和谐做点贡献。

缘份未到还是分数不达标

在这里先说说何为"缘份"，它是一个宗教词汇。世俗认为：它是一种人与人之间无形的连结；它是某种必然存在的相遇的机会和可能，包括所有情感。爱情中，二人相爱的缘份是由很多巧合、很多阴差阳错、很多突然、一些偶然，一些必然组成的。

缘份大家都爱说，恋爱成功了，归结于有缘分，恋爱不成功或者相亲时不想和对方再加深认识，也抛出缘份，这时就会说"没有缘分"。缘分很玄，也是万能神器，无论啥失败都可让缘分来背黑锅。

很多人相亲交友，都有或明或暗的条件，比如要求身高一米七五，可对方一米七不到，自己的眼光只能看到对方头上的空间；要求双眼皮，对方偏用单眼皮看你；要求本科，对方却只有大专；想在城市有套房，对方却告诉你他老家有房或远郊有房；喜欢苗条，可对方腰宽十围；喜欢白领，对方领子未洗白……凡此种种，都是条件够不上，再精确点说是分数不达标。

很多人看多了韩国的青春偶像剧，多多少少都有些入戏。剧中的帅哥美女，就成为自己的择偶标准。相亲或交往对象，其言行和剧中的偶像不相符，其相貌也有差距。无论从左视图还是右视图，无论从前视图还是后视图，无论从远视图还是近视图，他与偶像对比都达不到近似，更别指望相同。

为什么那么多人喜欢说缘份未到或没有缘份呢？因为有些条件不好说出口，比如要求对方月收入达到某个数，或要求有房有车，会被认为拜金；要求对方苗条性感漂亮，怕别人说自己"外貌协会会员"；要求对方一米七五，可自己不到一米六；有的要求对方有生育能力，可大家都是未婚，没生育经验，也不知如何回答，中国人比较含蓄，双方都不好意思问答；要求对方综合得分高，可自己要财没财，要貌没貌，要房没房，各方面条件一般。即使一次次想说服自己降低择偶条件，可终归是"涛声依旧"。

除了上述理由，很多人喜欢说"没有缘分"，是怕伤害对方面子。如果直接说"你某方面达不到本人要求"，不但双方难堪，也让双方共同的熟人或介绍人不高兴。笼统而模糊的"缘分"，没有指明具体原因，在这种场合是最好的表达用词。

中国多达三四千万光棍，从理论上说，每一个剩女都有千万个选择机会，可大城市大龄女子比男子还多一二倍。当代社会交际手段很多，通讯交通发达，大家都把地球叫地球村了。既然"村子"里这么多人可选，就不能说没有相遇机会，也就不能用缘份未到来安慰自己，甚至自欺欺人啦。

有些人确实是双方未曾相遇相识，或相遇不相识，可是一方获知对方条件自己达不到，或者对方条件够不上自个要求，当然无需再相遇相识。这都和偶然无关，和巧合无关，和机会无关。

中共十一届六中全会指出，在现阶段，我国社会的主要矛盾是人民群众日益增长的物质文化需要同落后的社会生产之间的矛盾。那么现阶段，我国社会爱情婚姻的主要矛盾是什么呢？那就是：<u>成年男女日益增长的择偶要求同落后的社会生产之间的矛盾</u>。这里的"社会生产"都包括哪些呢？当然是人才培养、美女帅哥养成、物质生产、医疗卫生、整容，品德教育等等。"落后的社会生产"的一个重要表现是男女比例严重失衡；另一个是出生时残疾、生理缺陷或有遗传病的患儿比例太高；第三个是整容美容失败的比例太高。

"落后的社会生产"当然导致爱情分值总体水平比较低，以至于很多人都达不到各自录取分数线。高考时，重点院校录取高分的学生，一本二本录取相对高分的学生，那是因为重点院校软硬件好，换句话说是本身"分数高"。现在的男女可不管这些，不管自身条件、不管"生源"情况、也不管报考的"学生"多少、有无，确定的"录取分数线"不能更改。

近几年来我国城市离婚率逐年显著上升，有婚恋专家总结出几种原因，其中之一就是妇女的平等与自主意识进一步增强。据民政局和法院统计，在一线城市的离婚案件中，女方提出离婚的超过80%。从这角度可以看出，妇女"日益增长的择偶要求"比男人改变快、改变多．以前的妇女关注生存温饱的成份大，妇女还考虑孩子的养育，因此忍耐较多，而现在妇女就业率高，都能养活自己，其压抑的需求就得到释放。

婚恋专家总结的那些原因，归根结底就是"日益增长的择偶要求同落后的社会生产之间的矛盾"。不止是未婚人士的择偶要求，当然也包括已婚人士的择偶要求。二者不同之处在于，未婚人士达不到择偶要求不恋爱、不结婚，已婚人士择偶要求不达标就要离婚，离婚后还达不到择偶要求不再婚。

不孝有三，不婚为大

古人历来重视后代繁衍，不娶妻生子嗣为所有不孝行为中最大的不孝。任何一个种群，在自然进化中都有让本种群延续和繁荣的基因，我们的祖先也有让自己基因和种群延续的愿望。我们来到这世上，有赖先祖的播种，我们有责任"还债"。

女娲造人，或上帝造人，都是一分为二，一个男人、一个女人，其比例是平衡的。如果女人都"自梳"不嫁人，或男人都光棍到死不娶妻，事实上都剥夺了异性结婚生子的权利，按神话故事的说法，是剥夺异性成为一个完整的人的权利和可能性。

法律上没有规定必须结婚，法律甚至保护婚姻自由。但一个人来到世上，不仅仅只有法律上的义务，还有做为社会人的道德义务，做为生物人的延续种群和基因的义务，做为后辈为前辈添丁加口的义务。如果你不是同性恋者，如果你不是无生育能力者，就找个人结婚，然后生个小孩吧，就当去异性世界旅游观光，带回一个旅游纪念品或土特产。当你完成了种族繁衍的历史任务，实在过不下或游兴已尽再考虑离婚嘛。

当爱情温度降低，孩子是维护婚姻稳定的重要因素。丁克家庭没有孩子会有多余时间给二人世界，可是少了孩子也就少了很多话题和交流。爱情的保鲜期一过，只剩亲情和责任的时候，如果没有孩子这个"调味品"和"黏合剂"，生活就会乏味得多，向心力也少得多。因此，丁克家庭离婚率相对要高得多。

很多单身男女的父母和爷爷奶奶都不同程度地催促他们相亲、结婚、生子，他们的子女却用各种理由拒绝相亲、拒绝结婚，以养孩子太累、生活压力太大为由，不愿生养孩子。他们最大的挡箭牌当然是恋爱自由、婚姻自由，逼得急了，有些还拉父母去民政局和政府说理普法。但"单身狗"的父母有抱孙子（女）的权利和乐趣，爷爷奶奶也有"含饴弄孙"的天性和愿望。孙子（女）们强调自己的自由、不婚不育，事实上却也剥夺父母和爷爷奶奶的权利和自由。

中国已进入老龄社会，几年后将是领养老工资的人多，交养老保险的人少，养老保险基金面临不足。政府和社会也需要男女结婚生养小孩，生养后来拉动消费、为 GDP 做贡献，长大后又可继续为社保基金添砖加瓦、我们虽然在"谈情说爱"，却也应该"先天下之忧而忧"一把，"家事，国事，天下事，事事关心"，尽点社会责任。

第三章

恋爱也要先培训，后上岗

恋爱三大纪律

恋爱中有哪三大纪律呢？那就是：一切行动遵守法律；以结婚为目的；不耍流氓。第一条在恋爱、结婚整个过程都适用，应当是一切行动都遵守法律和道德。道德在很多公共场合是没有座位的，它需要我们给它让位。如果对爱慕的人都不能守道德，那这个人对社会公众就会极为不堪了，即使有的人只能要其遵守最低限度的规则。第二条一般只在结婚之前适用，当然有的人短婚是为了骗取彩礼或其它好处，然后撤离。结婚只是手段，实际也不是以结婚为目的。第三条只在恋爱分手及将要分手后，或离婚及将要离婚后适用。

恋爱中强调要遵守法律，在此我免费给大家讲讲法律培训课．虽然我不是大牌律师，但宣讲法律常识，还是能胜任的。我曾经接到过多次婚姻咨询，说"分居二年，夫妻就是自动离婚了吧"，事实上任何国家法律从来没有"自动离婚"一说。这些进出婚姻殿堂多年的人，都对相关法律规定如此无知，初涉爱河的年轻男女，实在更有必要先培训后上岗。

很多男女在公开场合搂抱、亲吻，甚至发展到肉体结合。这些毕竟还是双方行为，是"二人转"，可也有表演"一人转"

转不过弯来的。广州市白云区某高校法律文秘专业男生李某苦苦追求了同级女生小刘长达2年，却始终打动不了刘某的芳心。他对刘某的倾慕逐渐转化为畸形的爱恋。学习法律的他竟然被强烈的占有欲冲昏了头脑，在教室内将小刘强奸！

很多男女未婚同居，忘乎所以，只愿品尝禁果的甜蜜，不肯费力做善后措施，致使怀孕生子。可因为是未婚，有的还是在校生，自然不敢让父母、老师或亲友知道，也怕政府计生部门处罚，只好将小孩偷偷送人。接收小孩子的人，一般都会给数额不菲的生育费、营养费。未婚父母没有正式工作、经济拮据，当然是乐得收取，但这一收就出事了。很多相同案例表明，政法机关认定构成拐卖儿童罪。

《今日早报》报道，在台州椒江打工的一对贵州籍韦姓年轻夫妻，竟在讨价还价后，以5万元的价格将8个多月大的亲生女儿卖了。日前，因涉嫌拐卖儿童，这对夫妇被椒江检察院提起公诉。韦某怎么也想不明白，竟然反问道："我把自己的女儿送养，怎么成拐卖儿童了呢？我又不是把别人家的小孩拐来卖给别人。"

有的未婚父母呢，怕事，偷偷生下来，也偷偷丢弃或捂死。这又构成遗弃罪或故意杀人罪，问题就大了。

安徽商报消息，2017年3月，合肥一高校校园发生一起悲剧：一大专院校大二女生汪某在学校宿舍卫生间产下一名男婴，持剪刀将孩子捅死并塞入行李箱，带其回到黄山老家。

该案在汪某父母带其自首后被曝光,目前警方已介入调查。

为何说要"以结婚为目的"?先讲一个我经办的真实案件。

刘先生在广州某公司任人事行政部经理,一家网游公司通过猎头公司找到他,想挖他去做人力资源部总监,刘先生与网游公司谈好了年薪及其他条件,网游公司要求刘先生一个月后办妥离职手续就职。刘先生依约向所在公司辞职并办理了交接手续,但当刘先生要去报到时,网游公司却说不要人了。刘先生丢了工作,双方遂起纠纷,后来刘先生请我代理,要求网游公司赔偿损失,一审败诉,广州中院二审支持了刘先生的诉讼请求。

刘先生一天班都没去上过,却获赔数万,读者或许觉得不可思议。法院支持的理由是"缔约过失责任",缔约过失责任是指当事人因自己过失致使契约不成立者,对信其契约为有效成立的相对人,应赔偿基于此项信赖而产生的损害。具体法律依据是《合同法》第四十二条:"当事人在订立合同过程中有下列情形之一,给对方造成损失的,应当承担损害赔偿责任:(一)假借订立合同,恶意进行磋商;(二)故意隐瞒与订立合同有关的重要事实或者提供虚假情况;(三)有其他违背诚实信用原则的行为。"

回到恋爱上来,爱情、婚姻实际就是一种合同,体现了双方的共同意愿。如果一方以为对方和自己一样是想诚心寻找人生伴侣并结婚成家,想和对方签订婚姻合同,对方却不以结婚为目的谈恋爱,也就是法律所说的"恶意进行磋商"。这必然造成一方感情、经济的损失,耽误了青春,另一方对此肯定是有责任的,不道德的。有句流传很广的名言:"所有不以结婚为目的的谈恋爱都是耍流氓",这是有道理的。当然,如果双方都不是以结婚为目的谈恋爱,双方互相玩感情,那就谁也别说谁高尚,谁也别说谁卑鄙。

因此,把"以结婚为目的"列为恋爱准则,是有必要的。以前如果男方玩弄女性感情,"始乱终弃",轻则被女方家族寻仇打一顿,重则被判流氓罪坐牢十年甚至无期徒刑。上世纪八十年代,著名演员迟志强就因为在不恰当的地点、不恰当的时间和几个女人发生了不恰当的事,因而唱了数年《悔恨的泪》。

最后说到"不耍流氓"。双方两情相悦时,当然一切皆美好,自不用我来费口水,问题是恋爱一次成功的比例不高。如果一方想另寻知音,但另一方不肯结束两人关系,事情就来了。

有一种爱叫放手,有一种恨叫追求。前一句知道的人很多,后一句知道的很少。

很多男女,在一方抽身而退后,其对他或她的"爱"反而更为强烈,为了让对方回意转意,一再地表白,一再地创造机会,上下班路上拦截尾随,工作单位拜访,住处门口蹲点,电话短信问候,一哭二闹三上吊,总之是不达目的誓不罢休。

有些则是以自杀相威胁。某女大学生爬上楼顶,打电话给男友，说一定时间不过来就自杀，男人回答我管不着和我没关系。女人站着时间长了，下面也有好多围观的人，有的起哄，有的劝她别寻死。她也许站累了心神恍惚，也许觉得说过的话做不到认为丢脸，或许观众太多不"表演"下不了台，身体晃动一下就摔死了。

《羊城晚报》一则新闻引起我的注意，新闻标题是《妙龄女被前男友从五楼扔下 竟是求复合惹的祸》。2016年12月23日晚，佛山市顺德大良顺峰山工业区一工厂门前聚集了大批群众，一名20多岁的年轻女子正被医护人员抬上救护车。回忆起事发时的场景，小姚及其家属仍然心有余悸，不敢相信居然会发生这样的事。小姚跟记者说，伤害她的是自己前男友蓝某。此前，双方因为在同一家工厂打工而认识，后来，小姚向蓝某提出分手并辞职来到了新的工作单位。没想到，蓝某一直放不下她，事发当晚，便跑到小姚的宿舍求复合。当时，屋内没有其他人在，蓝某与她说了几句话，情绪就开始激动，多次说出过激的话语，甚至一手拿起旁边的刀具。还未来得及等小姚反应过来，她已经被蓝某所伤，甚至被从五楼宿舍的阳台扔了下去。

以上类似的故事，有的是中学生，有的是白领，有的是演员。以自杀相威胁的多半是失恋女人。而男人失恋除了以自杀相威胁外，还以杀女友相威胁，有的还以杀其全家相威胁。社会上，男人杀其女友一家数口的新闻也时有听闻。

以上这些，或构成骚扰、或扰乱公共秩序、或侵犯他人人身权利，都是不同程度地耍流氓，以痴情的名义自虐虐人，以痴情的名义害人害己。

当然耍流氓的一方，并非一无是处：比如男方欺骗玩弄了女人感情，有的还让女人堕胎搞得形神憔悴；比如女人花费了男人大笔费用，有的还收了男人彩礼不肯退还。但桥归桥路归路，对方的可恨之处，也不能抵消、不可抹掉自己的流氓行为。

当一方已抽身而退，花草凋零、寒风凛冽，你的情再浓再深再真，你的心再热，也捂不暖整个寒冬，不如等下一个春天来临，那时会有无数的花草等待你的呵护和赞美。何必为远去的花儿憔悴？

十八岁的权利

说起十八岁的权利，大家都知道有选举权和被选举权，对于很多不关心政治的人来说，谈这些他们不感兴趣。下面就谈谈大家感兴趣、又不是很明白的。

经常有听到那些初中生甚至是小学生说"爸妈，我长大了"，他们说这话当然是有所指的，就想逃避监管，让父母少干涉自己，比如在谈恋爱方面。

根据《民法通则》，未满十八岁是未成年人，没有完全民事行为能力，由其父母监护。而恋爱等行为，相对于选举和被选举来说，对一个人的影响更大、更长远，需要具备更多知识、能力和社会经验，未成年人显然是不能行使的，父母干涉是合情合理合法。从这里来看，初中生们还没有"长大"，还没有恋爱的自由和权利。

既然恋爱的权利都没具备，未成年人当然更没权利生育小孩了。新闻报道，有读初中的学生都不知要生小孩是啥回事，竟然将小孩生到网吧厕所里，生下后就慌张逃离。从这点看他们不具备相关能力和心理。即便是大学生，未婚怀孕及生育，都是违反计划生育的，也会受到相应处罚。

上述事例说明假如学生父母监护不到位，就会使子女造成伤害。发现早恋苗头，为了更好教育孩子，为了儿女身心健康，为了"知彼知己"，有些家长私下看儿女的日记，因此被抗议侵犯隐私权。对于看日记的是非对错，各方都有支持者，就是学校老师也多倾向于尊重学生。他们都没有从法律角度分析，父母对未成年子女有监护权，是权利也是义务，"监护监护"，"监"在前，"护"在后，先有"监"才有"护"，家长不能放弃或懈怠，如果懒惰就是失职，就要承担责任。每个人都有隐私权，当然未成年子女也不例外，但隐私权与其它权利和义务相冲突时，就得分析哪个优先。比如医生对于患者来说，患者不能说医生看了摸了身体，侵犯隐私权。

一般情况下是患者主动就医，也有部分患者是遭遇意外事故昏迷不醒，由他人送来抢救的。许多未成年子女上学了都还要父母洗澡，身体都看了，难道看日记反而更严重？

那些自称"长大了"的人们，在做家务时是否也可以这么说，"我长大了，家务我来做"呢？

公民都有隐私权，可是有犯罪嫌疑的人，公安机关不也可以采取特殊手段监听监视？谁能说不合理合法？

以前满十岁才能成为限制行为能力人，可以从事与其年龄、智力相适应的活动，比如骑自行车上马路，较小金额的购物和消费。2017年通过的《民法总则》，立法机关听取广大"小朋友们"的呼声，从十岁下调到八岁，说明国家还是看到现在少年的早熟现象，但是成年人的年龄标准，没有改动，还是十八岁。

从婚姻法来说，女子二十岁可以结婚，从十八岁可以谈恋爱开始，有两年的恋爱期。这期限不算长，既照顾了急于进婚姻宫殿的未婚人士，也考虑了中国国情。这说明拟定法律的专家学者，还是做了充分调研的。

"爱情不是纯净物"，爱情和婚姻有法律风险和感情风险，有快乐也有痛苦，有忠诚也有背叛，有欢声笑语也有痛哭流涕，有爱护也有伤害。正如电视台的那句名言"股市有风险，投资须谨慎"一样，"恋爱有风险，投资须谨慎"。在这里"投资"的，不止金钱和感情，还有青春，还有一生的幸福。

写这篇文章的目的,不仅给未成年人看,也给未成年人的父母看,是想让未成年人的父母知道怎样应对未成年人的不满和超越权限行为。

"爱情不是纯净物"说明"爱情"不会只有童话世界的美好,也有披着羊皮的狼,有平坦大道,也有悬崖小路。别说未成年人,就是成年人,也有无数人后悔走错路的,当然也有失足没有时间后悔的。

"爱情不是纯净物"这话应当让更多人知道,而非相反。这有助于我们预见婚后可能出现的困难和风险,抛弃某些不切实际的幻想和期待。

去死不要说为了爱情

"问世间情为何物,直教人生死相许",这两句诗,谁都会念,谁都会唱,但真正懂得的人却极少。

有的人被曾经的恋人伤害过、背叛过,这些人不是想着治愈伤口、从头再来,而是不再相信人世间有爱情存在。被伤害过的女人口头语则是"男人没一个是好东西";被伤害过的男人的口头语则是"女人重物拜金轻感情""水性杨花"。有的人还游戏人间,伤害自己,也伤害他人的感情。一味地沉溺在悲伤与痛苦之中,会让自己伤得更重,采用"以痛止痛"

疗法是错误的。

爱已成往事，还有更多的人不伤害他人，也不游戏人间，他们只会自虐，在自我折磨中痛并快乐着，一遍遍回忆，一次次幻想，自我封闭，深陷其中而不能自拔。他们认为唯其如此才能显示他（或她）对爱用情之深、用情之专、用情之真，唯其如此才能证明，在这世界上，只有自己是最爱他（或她）的人。

以上这两种人，也没有真的去死，或者自杀，只是自残，最多只算作"慢性自杀"。下面说说因自恋或被感情伤害而自杀的案例。

《中国小康网》讯息：2016年11月27日凌晨1时许，北京媒体女记者段丹峰在安徽合肥一处住宅楼从11层坠下身亡。经警方初步认定，段某系自杀。而在此之前，段某在朋友圈和微博发布男朋友婚前出轨的消息，表达轻生念头。近日，有网友再爆料称死者未婚夫潘某至今未去殡仪馆，引无数网友热议。

女主人公跳楼所在地就是两人装修好准备做婚房的住宅楼，而男主人公和"女配角"也是媒体记者。有二百多媒体人联名向电视台台长要求开除男主人公和"女配角"。

"今生今世你欠我一份情和一个已经承诺好的未来"，女主人公在微博中这样写道。女主人公还在微博中大晒自己对男主人公的恩爱，对他的诸般好。

你对他越好，越是显示出他的无情、他的背信弃义。可是就算媒体同仁一致遣责，广大网友一致对你同情，他也良心发现，又能如何？

不管你们之前如何恩爱、如何海誓山盟，他背信弃义、另找"女配角"取代你演女主角后，爱情就已不在。因此女主人公跳楼不能说为爱殉情。我看到很多文章都有"女记者为爱殉情跳楼自杀"的字样，我觉得用词不当。

如果两人相爱，父母或宗族或其它势力反对阻挠二人结合，两人无力对抗，却又不愿违背"在天愿为比翼鸟，在地愿为连理枝"的誓言，愿遵从誓言"天地合，乃敢与君绝"，因而双双相拥自杀，那才能算为爱殉情。如为反抗祝父将祝英台许配给太守之子马文才，为了实现"生不能同衾，死也要同穴"的誓言，梁山伯与祝英台化为蝴蝶游戏花丛间；为反抗焦母的顽固和刘兄的蛮横逼迫，焦仲卿、刘兰芝被迫分离，最后自杀化为鸳鸯自由飞翔于树林。

与上面女记者相似的，还有演"黄蓉"出名的翁美玲，再就是唱《爱就爱了》的著名歌手陈琳。

为何说这些人"去死别说为了爱情"？国家没有"爱情法"规定做依据，我们比照《工伤保险条例》的相同或相似规定，做个分析说理。在劳动领域，工人被认定为工伤的情形有："在工作时间和工作场所内，因工作原因受到事故伤害的；工作时间前后在工作场所内，从事与工作有关的预备性或者收尾性工作受到事故伤害的"。另外，在上下班途中受到非本人主要责任的交通事故或机动车伤害的也算是工伤。工伤认定必须是工人受伤与工作有关，就算是上下班途中，那也必须是"非本人主要责任"的交通事故才算工伤。"有下列情形之一的，不得认定为工伤或者视同工伤：（三）自残或者自杀的。"

国家机关、事业单位工作人员的因公死亡，也有类似的规定。

分析以上所谓"为爱殉情"中的主人公行为，首先爱情已不存在，就如同工人失业后死亡；第二是其死亡不是在谈恋爱过程中，如同工人在业余时间出事，如果这种行为让"雇主"承担责任不合理也不合法；第三是其死亡本人负主要责任，就如同上下班途中，工人负主要责任的交通事故不能认定为工伤一样道理。

同样情况，工人不能认定为因工死亡。同理，那些男女也不能认定为"因爱死亡"。

如果爱神维纳斯要表彰信徒，为信仰爱情的男女评定"爱情烈士"或者评"因爱殉情者"，梁山伯与祝英台、焦仲卿和刘兰芝都可入选爱神荣誉殿堂。其他人还不够资格，也不会受到人们的称颂和敬仰！

我在此请求媒体人，慎用"为爱殉情"这种词语，这样会不当引导那些感情受过伤害的男女，做出傻事，使其父母亲人伤心难过，而负心汉却"但见新人笑，哪闻旧人哭"；其次还会白白耗损宝贵的女性资源，加剧婚恋市场供求矛盾，使光棍汉和屌丝男的可用资源更少；再次，"为爱殉情"是多么崇高的字眼，与之相配的主人公，须有感天动地的故事，不能用多用滥。

对于负心汉的另一个女友，我以"女配角"相称。屌丝男和光棍汉是不恨那个女配角的，他们恨的是这个男主人公，这么漂亮又有文化的女子他能随意更换，换了也就算了，还不妥当善后，致使出现"严重事故"，真是饱汉不知饿汉饥，难怪网上骂声一片。本来做为同性，女人们应当站在女记者一边，但女人们恨那个男主人公的相对男人们少很多，因为这个男主人公长得还蛮帅，文化高工作又好，她们看着"很养眼""很舒服"，即使花心，即便背叛，即便真的脚踏两只船，也恨不起来，也骂不出口。"花痴女"们还可以幻想，还可以意淫，如果可能还能取代女配角。和屌丝男的担心一样道理，长得帅文化又高工作又好的男性资源也不多，如果大家恨他过甚，逼他也跳楼，那也是死一个就少一个帅哥。

12月9日，《新蓝网》又有相关新闻，文章标题为：《曝女子陪丈夫和小三去产检 从28楼跳下》。南昌某KTV法人代表与员工好上且试图把怀孕的小三带回家。母亲下跪阻止，妻子陪着去产检。然后发生了这样的一幕：妻子和小三欲跳楼，男子选择的竟然是先顾着小三……妻子失望透顶，从28楼跳下。

这个男人比上面的那个男记者渣得多，而且长得也没有男记者帅,充其量是有点钱的土豪。文艺女青年再不会手下留情,在网上是一边倒的挨骂。南昌跳楼这个女人,属于应激反应,本身没有相威胁的成分,而且事实证明渣男也不会顾她生死,她明显得到广泛的同情。

在此为南昌跳楼这个女人做个事后诸葛亮。之前渣男带上怀孕的女人上门,她完全可以作为其与人同居的证据而要求离婚,同时也要赔偿精神损失费,另外财产可要求多分。她的死,在民事上渣男是有责任的,她的父母可以起诉要求渣男赔偿损失。

近日还有一个轻生的案例。据《华商报》报道,2017年2月5日,石泉县公安局接报有人跳楼,民警赶到事发七楼楼顶,眼前的景象让民警震惊不已。轻生女子整个身体已悬空在护栏外,护栏内一名男子使出浑身力气抓着女子头发。男子双腿发抖,浑身颤栗,显然已快支撑不住。千钧一发时刻,两名民警飞身上前施救。轻生女因家庭矛盾与丈夫刘某发生口角,夫妻俩是事发楼的顶楼住户。康某比较内向,一时想不开便爬上楼的顶层欲跳楼。

在此引述此案例,想说的是,轻生女的丈夫刘某拼命拉住轻生妻子头发不放是必须的。为什么呢?因为刘某语言或行为刺激妻子,导致妻子的过激行为,刘某对此负有责任。如果不尽力挽救,妻子最终死亡,刘某有可能构成不作为的故意杀人罪。

"问世间情为何物，直教人生死相许"。回到这开头问题上来，我觉得要这么理解：爱情很美好神圣，能让人生死相许。能让人生死相许的爱情，应当是现在进行时而不是过去式的，不是被对方解除了的爱情，不是已消逝的爱情，更不是另一个主角退出而一个人演独角戏或扮演两个角色的"爱情剧"。

能让人生死相许的爱情不多，芸芸众生，能遇到的少之又少，就算遇到还得他人配合逼迫而殉情，如此更是不到千万分之一，所以你想为爱殉情自杀，简直是不可能完成的任务。

男欢女爱不能强行

这篇文章，想了很久，不知该不该写，最终还是决定要写。正如男女双方正在浓情蜜意之时，我却在旁边大声棒喝："当心强奸犯罪"，坏了别人好事，有煞风景。

在此先列举下相关规定。最高人民法院、最高人民检察院、公安部《关于当前办理强奸案件中具体应用法律的若干问题的解答》："强奸罪是指以暴力、胁迫或者其他手段，违背妇女的意志，强行与其发生性交的行为。"《刑法》第二百三十六条相关规定："以暴力、胁迫或者其他手段强奸妇女的，处三年以上十年以下有期徒刑。"

上面所说的强奸罪有两个要件：1.是违背妇女意志；2.是与妇女发生性行为。

很多屌丝男，与女孩谈恋爱，如马拉松长跑比赛，久攻不下，时间、精力、费用耗费甚巨，而周围情敌环伺、竞争者众多，压力倍增，不免有些心浮气躁，多少都有"先下手为强""生米煮成熟饭"的念想。而男人的亲友也经常有劝说"先下手为强""生米煮成熟饭"的，即便是男人的父母因为盼子成家心切，或者担心儿子找不到老婆也常有类似的劝说。他们不知道，这有可能是让男人去犯罪。

那么，他们的"下手""煮熟"，在法律上该怎样评价呢？

我十几年以前就遇到一个恋爱中"下手"的案例。小熊是湖北人，而罗小姐是河南人，二人为东莞一工厂同事。罗小姐容貌出众，在上千人的厂里算得上厂花，而小熊只是基层管理员，并无过人之处。小熊仗着近水楼台，很快就向罗小姐发出信号，邀请其夜宵和看电影录像。二人相处二三个月，约会不过十次，小熊就在野外"下手"了。罗小姐刚满十八岁，由于二人家乡相距太远，小熊也条件一般，自然不肯与其确定恋爱关系，更不肯过早交付身体。事后，罗小姐向同厂亲戚诉说受到欺负，后其亲戚陪同她去派出所报了案，派出所拘留了小熊。小熊同厂的老乡找到罗小姐，劝她不要告其强奸，后罗小姐去公安局撤诉，说不要求追究其强奸了。

在上述案例中，小熊虽然没有用明显的暴力，也没有恐吓威胁，但也可算强奸。是否强奸的关键在于妇女的态度，受害者愿意放你一马，就没事，如果坚持控告，判刑很难避免。在上面的三部门的"解答"中就有："认定强奸罪不能以被害妇女有无反抗表示作为必要条件。对妇女未作反抗表示、或者反抗表示不明显的，要具体分析，精心区别。""在办案中，对于所谓半推半就的问题，要对双方平时的关系如何，性行为是在什么环境和情况下发生的，事情发生后女方的态度怎样，又在什么情况下告发等等事实和情节，认真审查清楚，作全面的分析。"

现在中小学生早恋严重，在大庭广众之下亲吻搂抱司空见惯，还有的早早就"下手"、"烹熟"，"吃了禁果"。那么在法律上有何后果呢？

《最高人民法院关于行为人明知是不满十四周岁的幼女双方自愿发生性关系是否构成强奸罪问题的批复》："行为人明知是不满十四周岁的幼女而与其发生性关系，不论幼女是否自愿，均应依照刑法第二百三十六条第二款的规定，以强奸罪定罪处罚。"从规定看，双方为同学，应当算得上"明知"对方年龄不满十四周岁，如果男方年满十四周岁，达到刑事责任能力，就要承担刑事责任。

还有另一种强奸也比较常见，比如男方趁女友酒醉不醒，而自行完成"固定动作"，单方偷吃禁果。虽然他没有使用暴力和胁迫，但也是违背妇女意愿，构成强奸罪。

有的是男女恋爱过程中，二人彼此信任，留宿对方，但同室不同床，或同床不同"睡"。男方半夜醒来，看美色在旁，身上衣服遮得太少，朦胧的月色照着朦胧的身体，忍不住诱惑，抛弃之前"互不侵犯"的君子约定，趁对方熟睡就"强行上马"，偷吃成功。这也是构成犯罪无疑。在此还是奉劝恋爱中的人们，要保持一定的距离，毕竟坐怀不乱的柳下惠不多，不要给对方犯罪的机会，更不要诱惑对方犯罪。

所以恋爱时有人在旁边提个醒，当头棒喝不是坏事，就算双方自愿，还得看年龄是否达到十四岁，就算成年的大学生，那也得做好万全之策不是？

属相、星座、旧八字和新八字

有人谈婚论嫁，光看属相还不行，还得对星座。先不说每个属相学者或者命相师的说辞不尽相同，也不管星座师和星座学者是否都有一套各自说辞，就是属相和星座都是不相容的，矛盾的。

按照属相学说，十二种属相，代表着十二种基本人格型态、感情特质、性格和命运。

随便在百度上搜索一下星座，就得出以下介绍：在占星学领域，星座指黄道带上划分的十二个均等区域。十二星座代表了十二种基本人格型态或感情特质。它试图利用人的出生地、出生时间和天体的位置来解释人的性格和命运。

拿1992年4月1日出生的人为例，按属相学是属猴，按星座学是白羊座。因为是同一个人，不管是从属相还是从星座来看，命运、人格、性格、感情特质都应当相同，因此推论出白羊座和和属猴的人命运、人格、性格、感情特质相同，又因为每年都有白羊座，推论出每年4月1日出生的人和属猴的四项目相同。而按属相学来说，同一年的属相相同，命运、人格、性格、感情特质相同，从此也得出其它十一属相也和属猴的四项目相同，同理推出所有的十二星座四项目相同。

显然其结论是荒谬的。但很多男女却乐此不疲地拿这两个"神器"去相亲找对象，第一时间对对方测量。如果对方与其属相和星座不匹配，热情就大减，假使对方其他方面也不是特别优秀，基本没有下次见面的可能。本来其提出身高、文化、收入、年龄等条件都把选择范围限制得极小，择偶已属不易，现在还用虚无飘渺的属相和星座给自己设套，真是庸人自扰！这也是中国大龄剩男剩女多的原因之一。

无论十二属相还是十二星座，相关文章对各个属相或星座有关性格、命运的描述都是笼统的、一般性的。任何一个人都能从其他属相或星座的有关描述里找到符合自己的特质，都可以和自己对号入座。

有的人热衷"八字"。毕竟"八字"比属相要多几个要素，且细致得多。那八字可信度如何呢？

造物主选择最好的良辰，让两个灵魂同时投胎转世享受人间极乐，造物主左手把一个灵魂扔到美国纽约，右手把另一个扔到中国北京，在美国时间是2007年12月31日19点，在中国北京时间是2008年1月1日8点，双方属相不同，出生年月日和时辰都不同，八字完全不同。本应当是同一命运、性格、感情特质的两个人，却因属相、八字的解说，从而让造物主的安排落空。难道属相和八字学说的力量大过造物主吗？

在我们的户籍资料里，没有登记属相和星座，说明法律和政府不认可这两大"神器"。在很多社交场合，有些人偏要问"你属啥"？"你哪个星座"？为何一定得猪狗牛马配一个？为何非得白羊金牛巨蟹坐一坐？人不一定有属相和星座，可有些网站注册昵称，还一定要你填上属相和星座！如果有人问我啥属相？我就答属"莫"，如果一定问我是啥星座，我的星座就是"莫奈星座"！

我根据影响婚恋的各项因素，提出新八字。考察此八字的四个方面，人们就能用较短时间知道匹配度。四个比较大的影响因素是：信仰、风俗、文化、地域，合起来就是"新八字"。男女双方要看这八字是否相克，即便没有相克，趋同值是否较低。

下面说明为何说这四项因素影响较大。

信仰。不同信仰的人，思想观念、是非标准、行为习惯等会有差异，双方恋爱结婚，思想沟通、生活都面临很大挑战，磨合期长，磨合强度大。

风俗（习惯）。不同人习惯不同，生活会有冲突。有的民族只许族内婚；有的民族男嫁女婚，重女轻男；饮食习惯有的吃辣，有的不吃辣，有的吃面食，有的吃米饭；有的地方闹洞房很野蛮，甚至摸新娘、伴娘。

潮汕地区重视家族观念，有男尊女卑现象，很重视生男孩传宗接代。某次相亲活动中，一个潮汕男孩子就被女孩群起而攻之，"义正词严"地说起潮汕家庭如何如何"恐怖"：男方父母及家族话语权太大，男人多愚孝及大男子主义，婆婆与妻子有矛盾，男人多站在婆婆一边，发誓说不嫁潮汕人。有趣的是，一个潮汕女孩，也劝别人娶潮汕女人可以，嫁潮汕男人就最好别考虑，并在我的要求下说了N个理由。

我在此也为潮汕男人说句话，虽然有很多女人对他们不感冒，但他们可能其他科目得分高，或者他们择偶要求相对低些，也没有看到潮汕男人光棍汉比别的地方比率高。

文化。中西方文化就有明显区别，外国消费AA制，外国人在家裸体视为正常，外国性自由或开放。而在国内，男女高文化和低文化之间共同语言少，价值观也有不同。不同的种族禁止结婚，历史上美国白人和黑人禁止结婚，现在不同人种通婚仍有不同程度的障碍。很多离婚夫妻，把婚姻解体的原因归于"感情不和""性格不合",实际是"异源文化"的冲突导致。"文化同源"潜在地影响着婚姻的成败。日常生活中,那些不起眼的鸡毛蒜皮小事源自于"异源文化",而无数次的鸡毛蒜皮,引起无数次的争吵冲突,最终成为压倒婚姻的最后一根稻草。

地域。国内国外的区别,南方与北方的区别,寒温带与亚热带的区别,致使远距离结合的婚姻会有生活习惯、语言、处世方式、文化等有明显差异,有一方须远离父母和以前的生活圈。在国内婚姻家庭中,外来媳妇本地婆的关系最难相处。本来婆媳关系就难,再加上婆媳在文化、生活习惯、处世方式等的差异,难度相应还会加大。电视剧《外来媳妇本地郎》描述了广州老城区一个有着四个儿子的大家庭,娶了天南海北的四个外地媳妇,由于生活习惯和文化背景的差异,产生了一系列的喜剧故事。该剧采用喜剧表现形式,让所有由于差异引起的冲突都能有皆大欢喜的结果。现实中不会这么顺利。谈到各地的包容度,很多人有感触,上海人不大看得起外地人,上海婆婆相对来说更看不起外地媳妇。媳妇不和婆婆住一处搭伙还好,如果只能和婆婆同住,这个媳妇就得做好磕磕碰碰的准备。

就算同属一城,也因所处地点不同而互相不容。近期有一篇文章《中国式相亲价目表》刷爆屏,现摘录如下,在相亲角,房子也分出三六九等:北京房主看不起外地房主(比如燕郊），城六区房主看不起郊区房主，城北的看不起城南的，环数低的看不起环数高的。

其实风俗习惯、文化、地域，三者都是你中有我，我中有你，一定的地域会有一定的风俗、文化，一定的风俗必存在于一定文化、地域中，文化也植根于一定的风俗、地域。

信仰、风俗、文化、地域这新八字，影响一个人的择偶标准、恋爱方式、婚姻礼仪、家庭关系、经济关系、生育观念等等。新八字不同的人，必然相容度低或者相抵触。

为何不列性格为八字之一呢？本身男女之间，男的阳刚似火，女的阴柔如水，却阴阳调和，不是说性格相反就差别大就相克。如郭靖和黄蓉，一个木讷笨拙憨厚，一个聪明古灵精怪；一个不解风情，一个多才多艺，琴棋书画、五行八卦、各种武功样样精通。他们二人性格、才能、智商、观念根本不在一个类型，但却互补得很好。

也许我提出的新八字还不够完善，也许对某些人来说，其它因素更应当入选新八字，或者应当搞个"新十字""新十二字"，但无论如何，新八字好过旧八字，新八字对婚恋更有指导意义。

感情绕不过新八字，"精诚所至"，并不都是"金石为开"，正如下面诗中所说"咏春寸劲，并非天下无敌"。

佛山与广州的距离

不是禅城到西关的距离,

是禅城与东山的距离。

不是二线城市与一线城市的距离,

是居住与工作的距离。

不是户籍的距离,

是普通话与白话的距离。

广佛同城,羊城通在佛山通用,

却是公交地铁与自驾车的距离。

不是二十公里的距离。

是我和她二人的距离。

佛山无影脚,

可以如影随形,

但始终,

形是形,影还是影。

咏春寸劲,

并非天下无敌。

(备注:1、禅城区为佛山市政府所在地;2、西关、东山为广州老城区,素有"西关小姐,东山公子"标配之说; 3、羊城通为地铁公交卡;4、咏春寸劲为李小龙成名绝技,距离攻击目标很近,能在极短时间,爆发极强的攻击。)

爱情不是高于一切

现代很多男女,高呼婚姻恋爱自由,"生命诚可贵,爱情价更高"!因此私奔就出现了。为了证明爱情比生命价高,双双跳楼跳江自杀的事件也发生了。

从经济和法律角度看私奔。二人私奔到外地,工作没了,最少有一方来到陌生的环境,找工作不易,经济收入会下降,路途花费增加。因家人反对而私奔,他们没有得到亲人支持,经济上自己解决结婚费用和买房很困难。因看上司马相如的才貌,卓文君和司马相如私奔,卓文君当垆卖酒,经济困窘,后幸得文君父亲资助才渡过难关。二人两情相悦,更冲破世俗礼法私奔,其爱情可歌可叹,可后来司马相如当了高官,每日灯红酒绿,佳人相伴,就变心想纳妾。从法律上看,二人为非法同居关系,不会得到法律保护。如二人分手,女方要求精神损害赔偿都得不到支持。女方付出全部身心,却得不到保障。

英国著名诗人雪莱,与玛丽私奔。彼时雪莱是有妇之夫,还有两个孩子。到了异地,玛丽一人生病在床,去医院都是雪莱的朋友送的,雪莱却不知和谁在外鬼混。后来雪莱还和玛丽的妹妹勾搭上,正应了那句古话"始乱终弃"。所有的私奔当事人，都声称为了爱情，但从结果来看，大部分爱得不够，有的还变成仇人。

"冬天来了，春天还会远吗？"这是雪莱的诗中两名句，在此套用为"始乱来了，终弃还会远吗？"

两人相爱时，为了一个人恨不得放弃整个世界，私奔自由了一阵，由于双方初入社会、收入也低、生活质量下降，幸福感大大减少，为生活琐事争吵的频率就会增大，又没有结婚证约束，谁都可以来一次"说走就走的旅行"，导致最终无法修成正果。

生命诚可贵，爱情价更高；若为自由故，二者皆可抛！现代已消灭了奴隶社会，好像已没有为自由奋斗的问题了，实则不然。

人通常被认为有五个方面的依次从基本到高级的基本需求：1.生理需求；2.安全需求；3.社交需求（情感和归属的需求）；4.尊重需求；5.自我实现，自我价值体现的需求。其中的安全需求，包括财产的安全、家的安全、人身的安全，还包括自由的内容，自由和安全是一个问题的两个方面。而爱情的需求包括在第一、第三层次，只属于基础需求。假如没有路费，有去天下名山游山玩水的自由吗？交不起首付，有买房的自由吗？只能停在理论上，只有应然的自由，没有实然的自由。

爱情的价值在五个需求或者五个价值中是属于中下的，

爱情不是高于一切。

"爱情价更高"，爱情到底值多少价？各有各的看法，在这里我试图从法律的角度分析下。生活中损坏东西要赔，而且按价值赔，赔偿额就等于其价值。"损坏东西要赔偿"，小学生守则有这条，这小学生都知道。那损害爱情的赔偿额是多少呢？法院的判决书会告诉你：不赔。如果两个人没结婚，一方移情别恋，或一方对另一方已厌倦，法律没有规定违誓方要给予遵守誓言一方赔偿的，也不会规定横刀夺爱的其他人赔偿其中失去爱情的人的损失。如果从赔偿为零的角度看，爱情不值钱。

桂林相关媒体报道：桂林市的台联酒店在本世纪初上世纪末的周末经常有相亲团，来"招聘"的台湾人一般在六十岁到七十五岁，"应聘"的女人一般都是二十岁到二十五岁的美女。她们每次都排着长长的队伍"应聘"。"应聘"成功，首付款五万左右，每月"按揭"给女方生活费五千元，有的还会给女人父母买套房或建房。我以前在律师所，只要是看到年轻漂亮女孩进办公室，就判断其是嫁台湾人来办离婚的，结果无一错误。她们几乎都说结婚证掉了，实际是怕别人看到结婚证上的男人与她在一起的合影，怕别人会有鲜花插在牛粪上的联想。

在此啰嗦下我为何使用"按揭"一词。百度上按揭的意思是：指以房地产等实物资产或有价证券、契约等作抵押，获得银行贷款并依合同分期付清本息，贷款还清后银行归还抵押物。在这些婚姻中，男方以婚姻或结婚证做抵押物，获得女方青春、感情，并依约定每月付"本息"五千元。如果男方违约，女人有权处置婚姻，那就是离婚，而且大陆和台湾各判各的。女人在大陆起诉离婚，只需在法院门口贴个公告，男人都不知开庭时间和被起诉离婚，基本等于女人有单方解除婚姻的权力。

一个真实的案例：一个二十二岁妙龄美女与一个七十三岁台湾男人领了结婚证，男人没有按约定付"首付款"5万元，第三天就离婚了。他们总共只见过四次面，第一次面试，第二次领结婚证，第三次交涉讨要首付款，第四次领离婚证。因他们结婚离婚不严肃，被民政局罚款200元。

以上这些，爱情的价值就是5万元，有的还包括一套房，生活费类似于维护费用。不要说他们这不是爱情，相对于卖淫女，他们可是符合法律符合道德。她和他也不是没有感情，虽然有其它条件，但谁敢说自己的爱情很纯净？对嫁台湾的女性就不能宽容一些？

当然爱情有时可以卖出高价，分手费就是爱情的价值。比如一方父母看不上对方，有时就会私下联系他（或她），只要肯分手，就给其一笔分手费。分手费一般看一方父母的经济能力，经济能力强的就多给；还要看对方为恋爱所付出的费用；另外也看对方的收入和财产状况。如果对方是富二代或者高收入者,分手费给得少,对方不会动心。

上面付费的是一方的父母,生活中也有妻子为老公的情债买单的。比如老公在外面拈花惹草,有的不小心搞大了情人肚子,有的情人还有了小孩,这些人手握"尚方宝剑",也有男人始乱终弃的充分证据,经常会杀上门来要求赔偿,或者要求"名分"。如果妻子不想和老公离婚,还珍惜多年的夫妻感情,就会和小三谈判,可以用钱解决的问题就不是问题,那么妻子付出的分手费就是小三和老公爱情的价码。虽然不知这妻子和她老公的爱情值多少价,但她肯付这么多钱挽救双方的爱情,二人的爱情价总会多过老公和小三的爱情价才对。

不要为了爱情抛弃父母而私奔。亲情和爱情是两种不同价值,二者没有可比性。虽不存在谁价值大谁价值小的问题,可是父或母只有一个,一世无法改变。能做爱人却不是只有他(或她)一人,恋上也可能分手,结婚也还可能离婚。

前篇文章说到的潮汕男人私奔的就很少,相对而言,他们可能更有可能支持我的观点。

相约自杀而证明"爱情价更高"更不可取。天津市王某和秦某在同一工厂上班,后来发展成恋爱关系。因王某被判刑坐过牢,秦某母亲反对二人恋爱。二人遂产生自杀的念头,并相约同时自杀。之后,王某让一个朋友买农药,二人分服后先后被送至医院抢救,但秦某因抢救无效死亡。王某经抢救后脱离了生命危险，并康复出院。王某因故意杀人罪被检察机关追究其刑事责任，后被判刑五年。

一个人如果连对方的生命都不尊重，根本没资格说爱他（或她）；如果不能善待对方的父母等亲人，那其用情也不会深。爱河中的人们，不但要学会游泳，防止被呛水溺死，更重要的是防止被你的同伴拖下水淹死。

异性相吸引，同质共珍惜

异性之间都有大小不同的吸引力，但两个男女能否执手一生，相看两不厌，却得有共珍惜的东西。

这里的同质，就是相同的世界观、价值观，而不是共同的兴趣爱好。很多夫妻爱好不一样，很明显的是男人喜欢象棋等智力运动，而被男人喻为"头发长见识短"的女人则喜欢逛街购物、美容、吃零食，而这些男人多半反感或被动应付出差，所以有些人认为应当有共同的兴趣爱好是没理由的。

价值观代表一个人对周围事物的是非、善恶和重要性的评价。人们对各种事物的评价如对自由、幸福、自尊、诚实、服从、平等等在心中有轻重主次之分。这种主次的排列，构成了个人的价值体系，价值观和价值体系是决定人们期望、态度和行为的心理基础。在同样的客观条件下，具有不同价值观的人会产生不同的行为。人们的生活和教育经历不相同，因此价值观也会不一样。

董燕的《名人爱情》、诸荣会的《民国夫妻档案》中都有徐悲鸿与蒋碧薇的爱情故事，摘抄如下：徐悲鸿与蒋碧薇，二人应当说是有感情的。二人相识时蒋已和他人有婚约，但蒋碧薇喜欢上徐的才华，二人为了在一起私奔到法国。为顾全面子，蒋的父母登报女儿去世，并办了丧礼。徐悲鸿学成回国后，蒋碧薇一心想开始富太太的生活，而徐则满腔的民族大义、忧国忧民思想。徐悲鸿怀着开展美术教育普及的理想，与田汉等人创办了南国艺术学院。因是义务教学，受到蒋碧微的反对，蒋还背着徐替他辞去南国艺术学院的教职，并把徐在学院的全部教具搬回家。外人以为是徐授意的，认为徐只认钱不愿做大众义务教育。这让徐很不满。

从以上事例可看出两人在价值观和处事风格上的巨大差别。徐出身贫寒，而蒋以富家女身份与其私奔，对徐有恩，徐对其怀有歉疚，因此蒋也经常以此自居，话语中经常流露。二人开始争吵，进而分居，进而各自有外遇，最后以离婚收场。

很多物质女就重物质享受，认为男人应当给其幸福，应当满足其一切欲望，追求虚荣，精神空虚，没上进心。经济适用男或工薪阶层，根本无法满足其要求，很难和其进行心灵沟通，甚至无法忍受物质女的行为和思想。

有相同的价值观，就能很容易理解对方的思维方式，容易沟通，容易互相包容，容易换位思考。很多冲突归罪于性格不合，实际根源在于世界观和价值观的不同。世界观和价值观不同，其评价体系和考核方法、考核目的也不同，二者得出的结果相差很远。

房产证为何要写女方姓名

彩礼在当今舆论导向下，是不能收多的。而女方又觉得"意犹未尽"，只有以另一种方式表达。究其实质，房产证写女方姓名，那套房屋就是送给女方了，其实就是彩礼。

很多人向我法律咨询，女方要求婚前的房产证写上她的姓名，不写就不结婚，怎么办？我的回答就是要敢于对女人说不。法律规定婚前财产属于个人财产，这么做实在是"丧权辱男"。假如一套房屋售价200万，尚欠银行按揭款100万，两人平分各得100万，但因向银行按揭贷款的是男方，男方还清按揭款后分文未得，女人对房屋没有任何贡献却可拿走100万元。这样的不平等条约，违法背理，你签订就不配称为男人。一个男人在形态上可以向女人下跪求爱，但女人不能要求男人"精神下跪"！

以上这些还只是男女双方共同在房产证上落名字，有的则只能写女方一人的姓名，房子彻底和男人无关了。上面的计算也用不着。

我看到天津天电视台播出的节目，离婚后男方诉求房屋归自己，认为其是为了结婚而送的彩礼，对方离婚使其目的落空，应当返还。但最后法院认为房屋写女方的姓名，在法律上属于"赠与"，不支持男方的诉讼请求，判决房子归女方所有，男方限期搬出侵占的房屋。

社会传统上给的彩礼是一定数额的米面、猪肉、鸡鸭鱼、烟酒，还有一定数额的现金。前面那些吃用的是女家嫁女时办酒招待客人用；现金则为感谢父母的养育而送的养老钱或棺材钱，部分现金是女家还给女儿的陪嫁。

现在有些地方彩礼收到几十万元，舆论哗然，邻里议论。虽然说女儿无价，二十年来花费不菲，但也不好意思收得再多，所以就变换方式，购买房子写女方姓名。如此便没有收米面、猪肉、鸡鸭鱼那么麻烦和招摇，也没有收大捆钞票这样赤裸裸，再说女人带现金或存款太多到夫家，时日久了也容易混淆成夫妻共有财产，不如不动产这样登记来得靠谱。

很多新潮男女，会想到做婚前财产公证，可这彩礼有时是领了结婚证之后办婚礼前给的，此时按法律来说已经是婚后了，不好再去做公证。即便思维缜密的，要求在领结婚证前给彩礼，可总不好意思前脚收了男人彩礼，后脚便拉男人去做财产公证吧？再说筹备婚礼多累多费精力，哪有时间精力去办这事？

钞票收得太多，总有一手交钱一手交人的意思在内，这和远古以来的商品交易一手交钱一手交货没啥区别。而房产证写女方姓名，从始自终，男女没有钞票的接受和给予，男人钱给的是开发商；从头到尾，也没有验货交货的烦心事；上百万钞票要点数也不容易，并且现金太多容易招来抢劫偷盗，总是有点担心。

不管是收彩礼也好，买卖爱情也好，买卖婚姻也罢，词语表达的意思有区别也有重合之处，这些无需深究。重要的一点是不能让女人父母感觉吃亏，不能让他们感觉失落。二十年的养育，一朝看着女儿被人牵走了，心里总感觉缺少些啥，那么她们寻求些补偿和慰藉，也是人之常情。

谁如果说这是买卖婚姻、买卖爱情，那也得法院认定判决不是？

我前面的法律咨询，劝男人不要在房产证上写女方姓名，好象还说得义正词严，后面又说女方的种种情由，女方父母的不容易，是不是不经大脑说话随口出？不是的，我做为律师，那得从法律上解释说明利害，如果我的咨询不符合法律，有人会说我不懂法律没水平，那我在这行就没法混；后面说到女方收彩礼等等的合理之处，那是作为社会人说的话，此时我不再是律师身份了，也许我就是男女双方的邻居，或者是半个婚恋专家吧。

青春损失费应该赔吗

　　有的人请我打离婚官司，那些妇女无一例外的问我，有没有青春损失费的赔偿？当我问答法律没有规定赔偿青春损失费时，她们都说亏了，离婚啥都没有捞到。用不好听的话说就是：遭退货了，被他白用了几年。听了我的回答，她们或多或少都有失望，对婚姻和生活失望，也有对我这律师的不满意。

　　男方也不是陈世美，不是地位高了、发达了，就一定会甩了她。要亏也是双方亏了，双方都损失了青春，男方还多给了彩礼呢！当女人问青春损失费时，或者说离婚啥也没得到时，她们其实没有男女平等的意识。很多妇女口口声声说要求男女平等，但骨子里是权利上要求男女平等，义务上就是重男轻女。

　　我前面的咨询或回答，那是从我做为一个律师的角度来说的，我得表现出做为律师一定的法律水准。咨询要符合法律规定或司法判例，我还得遵守职业道德，不能为了揽下这单业务而讨好她们顺着她们的思维说应当赔偿青春损失费。前面的回答，除了法律没有明文规定要赔偿青春损失费，另外还有个原因"清官难断家务事"。谁对谁错难认定，损失多少难认定。

但从社会学角度，从婚姻市场的角度，她们要求的青春损失费是合理的、应该的。

每种花都有花期，每个女人都有灿烂的青春。杨钰莹唱的歌"二十四个燃烧的青春不会变"，那只是美好的愿望，24岁燃烧的青春最旺，之后其火焰会逐渐减弱。男人在人家火最旺时搂抱取暖，火焰明显减弱时，却弃而他顾，的确让女人感觉到心情凄凉，泪湿衣衫。

从婚姻市场来看，同等情况下离婚的女人，明显要比头婚的女人竞争力低。在"婚姻状态"这科目，未婚的女人可得满分，可离异的只能是六十分或更低。

有些离异女人还生育了孩子，为孩子把屎把尿日夜操劳让其形神憔悴，"相貌"科目得分明显降低；有些女人产后身体变形、腰如水桶、身体臃肿不堪，男人想搂抱牵手的欲望大大减少，"相貌"科目分数堪忧。而这些后遗症男人却没有，确实对女人不公平。孩子是双方的，都是双方生育的，离婚后小孩也是双方的小孩，可生养"后遗症"只有女人一个人来承担。这"后遗症"可视为双方合伙开公司时欠下的债务，公司虽解散，但依法股东都有共同的偿还责任。《婚姻法》也有规定："原为夫妻共同生活所负的债务，应当共同偿还"，最起码双方各负一半义务。

女人都有适婚年龄和育龄，很多人离婚时都过了四十岁。俗话说"女人四十豆腐渣"，就是因为女人过了四十成为高龄产妇，生育风险大大增加，再婚再育困难大；而"男人四十一枝花"，男人过了四十没有生育安全风险，再婚影响不大。在"生育"科目上，女人分数下降明显，而男人分数下降极微小。

有的妇女没到四十就不能生育了。就在本书定稿前几天，有一个女人向我咨询相关问题，因她老公图省事及欢愉，不做避孕措施，双方事业不稳定之前不想生小孩，她以前打过几次胎，后再也不能怀上小孩。她老公提出离婚，说不生小孩不能报答其父母恩情。后其老公提出答应离婚，共有按揭房归女方所有，总算有点良心。当然凭我职业本能，他在外地隐瞒有财产。按理说，其老公对她造成伤害，应当说构成"残疾"，造成生育功能丧失，应当给予人身损害赔偿，而不是赔精神损失的问题了。

中国的生育保险，只从社会分担生育下一代的角度设计，目前只考虑妇女怀孕、生育和哺乳期间的特殊劳动保护及帮助和补偿，福利还不够大。对于再婚的女人，也应当有相应的保险，让社会来分担女人再婚再育的不利影响。

恋爱时，男人都喜欢说"爱你一万年"，或者誓言"海枯石烂永不变心"。基于此，女人才和他恋爱，才嫁给他。我们知道商品都有折旧，比如租一台汽车，说好租一辈子，可你在性能良好时租用，性能不好时弃之不顾。车主如果早知道这样，租车价格肯定会翻倍，或者就不会租车给他。虽然这个比喻，很多女权主义者接受不了，但道理还是相通的，因此从这角度，男人也应当给其一定补偿。

山盟海誓没有银行承兑

"上邪！我欲与君相知，长命无绝衰。山无陵，江水为竭，冬雷震震，夏雨雪，天地合，乃敢与君绝！"类似这些对爱情的誓言，很美，很动人心，成了青年男女恋爱中的口香糖，需常含在嘴边。古今中外，恋爱中的男女，都喜欢听、都喜欢说。

以前古人信奉神灵或上天，认为举头三尺有神明，人在做，天在看，神灵和上天会主持公道，因此他们的誓言，庄严的多，真诚的多，兑现的多。现代人呢，科学发达了，一般接受过中学教育的人，都接受过"无神论"，都学过达尔文的《物种起源》，有多少人真正相信有救世主和神灵？因此，现代人的对天发誓，庄严度、真诚度远没有古人高，兑现的概率也远没有古人高。

既然发誓的真诚度不理想，兑现的可能性低，为何山盟海誓还这么有市场呢？

在恋爱中，男人如果不会说"爱你一万年"，送花不够九十九朵，女人会认为他不够浪漫、没有情趣、不解风情，是个闷葫芦。

而男人呢，说说或者发誓"爱你一生一世永不变心"、"今生今世，非你不娶"，强过购物消费买单，轻松过每天接送上下班，自己没有损失，又能讨女友欢心，何乐而不为呢？

现实中，山盟海誓背后是有隐性条件的。盟誓者都有或明确或模糊的前提条件。

第一，接受盟誓的对象应该符合婚姻法的结婚条件。他（或她）应当没患有医学上认为不应当结婚的疾病；他（或她）应当未婚或离异，与自己结婚不会构成重婚。

第二，接受盟誓对象的身份资料应当真实无隐瞒。如果本是张三，却化名李四，那对方盟誓的对象也只是李四，而不需对张三守信诺；另外，如利用女人对军人的崇拜，对方虚构职务地位冒充军官，欺骗对方，对其的盟誓也不应当遵守，不能让骗婚者得逞。

第三，接受盟誓的对象，其爱情分数应当真实。如果他（或她）虚报分数、低分高报致使对方判断错误而使其被录取的，对其发出的誓言也不应该履行。比如虚构财产数量，像上面提到的假富豪朱笑东；再如"相貌"分数水分严重，如上面提到的阿联酋的一名女子，她脸上的层层浓妆被海水冲刷后，丈夫竟然没有认出她来。另外她还整过容，戴假眼睫毛和有色隐形眼镜。

第四，接受盟誓的对象不能隐瞒自身有重大疾病的事实。即使他（或她）不是婚姻法禁止结婚的疾病，但如果是癌症或者遗传性疾病等等，都会影响对方做出爱与不爱，结婚与不结婚的决定。如果早知道对方有这种疾病，他（或她）就可能不会与其恋爱，更不会结婚，不会盟誓天长地久。

第五，接受盟誓的对象不能隐瞒自身的生育能力。从进化的观点看问题的话，动物个体生存的终极目标就是：生存、生孩子、让自己的遗传基因延续下去。中国人重视传宗接代，很多人潜意识中都有生育小孩的要求，如果一方无生育能力，会让其目的落空。其享受天伦之乐的愿景就不可能实现。

法国皇帝拿破仑·波拿巴决定和皇后约瑟芬离婚。虽然他很爱约瑟芬，但还是希望能有一位给他生孩子的妻子，而她几年前就被确定为不育。不少文献中有很多赞美生育能力的篇章，一方不能生育，另一方就会有可能提出离婚。

在日常生活中，一人向另一人做出的承诺，是要兑现的，否则另一方可以到法院起诉要求对方继续履行、或者赔偿损失。

如果对方不守婚恋中的信诺，法律怎样对待呢？

首先，很多承诺无法判决执行。比如"爱你一万年"，怎么判决？判了又如何执行？又比如男人承诺家务全包，难道要法官每天到家监督？

其次，男女间的山盟海誓，基本都是二人在场，很难证明对方说了些啥。

再次，对方的有些承诺和婚姻法相违背，法律也无法判决支持。例如前面的"今生今世非你不娶"，他如果变心了、不和你结婚，按婚姻法公民有不结婚的自由，法院不能要其履行诺言，不能判决和你领结婚证拜堂成亲；另外呢，他和你离婚后，他想和其他女人结婚，按婚姻法他有结婚的权利，法院也不能判决他履行诺言、不准和他人结婚。

他若已变心，你必早忘记。我们需要誓言，但当对方违背誓言时，请忘记誓言，一遍遍追问为什么，只会让自己更痛苦。法院也不会因对方说过爱你一生一世，就判决不许离婚。山盟海誓听起来很美，但绝对不要拿它做婚姻的免死金牌。

<u>山盟海誓不是空头支票，但它是有期限的，有效期从盟誓之时算起，到一方违背誓言时结束</u>。生活中没有人在有效期内要求承兑盟誓支票，事后再去，没有银行会承兑一张废票。

"一万年太久，只争朝夕"，恋爱也一样，一万年太久，恋人还是搞清楚对方现在是不是真的爱自己，搞清楚自己当下是不是爱对方就行了。"把握生命里的每一分钟，全力以赴我们心中的梦"，这歌词大家都喜欢听喜欢唱，那就把握与他（她）的每一分钟，真诚对待与他（她）的每一分钟，如此无数的一分钟，加起来就是永远了。

外观设计没有发明有价值

现在的帅哥美女，多少都享受过颜值高带来的福利待遇。他（她）们工作求职会比长相一般的人顺利，平均工资一般也高五到十个百分点。

在婚姻市场上，帅哥美女的受欢迎程度，远比职场高得多，毕竟老板请员工来是创造价值的，颜值高低与创造的价值高低并不成正比。按照我的爱情公式，美女的爱情分值分数极高，甚至经常被作为特长生"特招"。

前面的章节中，我反驳过那些硕士、博士对于低学历美貌女人嫁得好的不满言论。说实话，我也是自认为有点才华但相貌一般的人，也曾经对那些靠颜值高嫁得好或轻易捞金者羡慕嫉妒恨。可感情归感情，理性归理性，咱也得找些理由安慰自己，精神胜利法嘛。我做了深入研究，这次我的法律知识又帮了我，美貌女人和有内才的硕博，就如同《专利法》中的外观设计专利和发明专利，外观设计专利没有发明专利有价值。

在此先小普及下法律知识：

外观设计，是指对产品的形状、图案或者其结合以及色彩与形状、图案的结合所做出的富有美感并适于工业应用的新设计。

发明，是指对产品、方法或者其改进所提出的新的技术方案。

那些人的美貌，也可以如外观设计这么表述：是指对人的身材五官形状位置或者其结合以及皮肤、头发颜色与形状的结合呈现的富有美感的形象。

那些硕博们的内才，也可以如发明这么表述：对知识和技能综合掌握和运用，对产品、方法、问题能提出新的技术方案和思想。

外观设计专利的保护期限是十年，而发明专利的保护期限是二十年。美貌的保护期限是十年或更短，这从模特不到三十岁就改行可看出来。另外，经常坐飞机的男神们会留意到，国内的空姐一般也不超过三十岁；那些硕博们的才华，使用期限可到七十岁后，期限为五十年或更长。

外观专利保护力度低，发明专利保护力度强。相貌的保护力度也很低，有山寨刘德华，有山寨张学友，有山寨范冰冰，也有山寨邓丽君，连赵本山这位大叔都被人山寨模仿并以其形象拍广告，甚至美国总统奥巴马都有人山寨；而硕博们的知识技能，除了得十多年寒窗苦读，还须本人智商超群才能获得，想模仿混饭吃不可能，而且新的技术方案和思想，就算有知识和技能，还得有灵感才能得到，极为难得可贵。

很多人长得不漂亮，也不像偶像明星，但可整容成偶像范冰冰、刘亦菲，喜欢看韩国剧的还可整容成全智贤、宋慧乔。

当今娱乐圈、名人圈山寨盛行，一大波山寨版明星、名人现身，四处抢商演捞金、骗代言做广告，坑粉丝，真假美猴王到处可见，令本尊们烦不胜烦、欲诉不能、无可奈何却只能发个通告和声明了事。就算识破其是假美猴王又如何？反正观众付出极低的费用，却看到了跟真美猴王一样的筋斗云及搔首弄肢。高晓松、鸟叔、刘德华、林俊杰、胡杨琳这些明星偶像就被人坑过。

给一个人的美貌付费，就如给外观设计付费，认可、了解了产品的外观设计，但对产品的产品结构、材料、内在品质、功能，却没有了解或认识不深，有可能是"金玉其外，败絮其中"，中看不中用，心理落差很大，失望不可避免。一个人的外貌形象，还没有产品外观设计这么长久不变，甚至变化很大。彬彬有礼的形象也会因为家务和工作重压而不再保持。

另外，无论外观设计还是发明，都必须具备新颖性这一特点，否则就得不到专利证书。很多女人都去韩国整容，都想要个韩国女明星的脸，结果千篇一律，似曾相识，很难分辨，哪来的新颖性、独特性可言？大嘴巴的姚晨自有其价值，如果也整成樱桃小口，在演艺圈就不突出了。本来外观设计就不如发明有价值，没有新颖性的设计更比不上发明有价值了。

有道是"身体发肤，受之父母，不敢毁伤，孝之始也。"身体发肤烙印着父母的基因，让人看到他们就想起养育他们的父母，让父母看到儿女就想起自己的少年、青年、壮年，儿女们不能强行割除与父母的联系。如果不是伤残，如果不是有伤疤，如果不是五官歪斜，就不要去整容，否则既是对父母的不孝，又丧失了新颖性、独特性，何苦挨刀呢？

美貌不但使用时间短，保管、维护这"财产"也不容易。

比如你有一双又白又嫩的葱葱玉手，修长笔直，指甲形状漂亮，做手模（手部模特）能带给你滚滚财源，但你得每天对双手进行保养，不干重活、避免受伤，以免留下伤疤或长茧，影响美感。你就是和爱人拥抱都得小心翼翼，和老公牵手都怕他手粗磨伤，生活乐趣也会少了很多。

焰火很好看，能照亮夜空，但只能瞬间绽放；一盏灯光只照一室，但能给全家驱逐黑暗、带来温暖，且年年岁岁给你指明家的方向。

感叹干得好不如嫁得好的女人们，看了这篇文章，是不是心情好过了些呢？如果能有一点点改善，也不枉我写这么多了，最少它们不是废话。

单身男人看了这篇文章，对于美女的渴盼和需求想必有所减弱，这样美貌的市场价位会有所降低，对于高文化的硕博女人们，想必估价会有所提高。三高剩女们就可以更快去库存了，那些干得好的硕博们，处境会好一些了，对我也不再那么敌视和不满了，有点皆大欢喜的味道。

爱一个人不能爱他的一切

很多婚恋文章，都劝恋人或夫妻，爱他（她）就要爱他（她）的一切，包括缺点。对此，我不能认同。

社会上流行着一句话："好女人是一所学校"。既然是学校，就有教育管束学生的责任，就有帮助其改正缺点、发扬优点、完善自我的义务。

即使不愿作老师、不好为人师，也可以做到不放纵对方吧？但是按那些婚恋文章或婚恋专家的咨询指导，要爱他的一切包括缺点，那就得对他的无节操表示顺从、配合，乃至欣赏。他喜欢酗酒，你就在家帮他买好酒备着，一个人喝不够瘾，你就帮联系他的酒肉朋友一起山吃海喝；他喜欢抽烟，你就要学会被动吸烟并主动买烟、递烟、点火；他喜欢麻将赌博，你就陪在旁边忙前忙后，随时准备做替补；他喜欢拈花惹草，你就睁一眼闭一眼假装看不见，如果小三挺着大肚子或抱着非婚生子上门要求赔偿，你就给他善后……

公安部A级通缉犯周克华是苏湘渝六起系列持枪抢劫杀人案制造者，曾因贩卖枪支服刑。据央视报道，周克华每次作案之前、之后都会跟他的女友联系，在非常短暂的联系中告诉女友他作案的一些情况和想法。此前，周克华就在10日犯案后跟张贵英有过短暂通话，说10日没搞到什么钱，准备在14日"再干一次大的"。

周克华将抢劫得来的6万元交给张贵英，张贵英将赃款存入两张银行卡上。张贵英多次以电话和短信的方式与周克华联系，将自己所了解的公安机关侦查和追捕的相关情况告诉周克华，并向周克华提供用于化妆的口红。

电视和报纸上时不时会看到有监狱举行婚礼的，或者监狱联系民政局给犯人办理结婚登记手续的，当然相关媒体和监狱部门是从有助于改造罪犯的角度来宣传的，在此我不想和媒体唱反调。我们律师也接过很多抢劫偷盗案件，从犯罪嫌疑人想用高额费用换取罪轻的判决来看，他们犯的案不止这一次。那些犯案的男人都积累了一笔不小的钱，他们的辩护律师在法庭上当然得依法为他们做无罪或罪轻的辩护。那些女人有的只和男人办过婚礼，有的办了结婚证，有的仅是女朋友，但都说等她出狱，她们之前也知道男人的勾当。很多屌丝男看到这种情况会想到哪怕是偷抢，只要有钱，女人就可能不离不弃，如果没钱连女朋友都谈不起。我认为监狱婚礼会给人这样一种误导和暗示。相关新闻的后面，跟贴评论的很多，有心的人都能看得到那些光棍汉们的不满。

即便不是为了犯罪男人的钱，只是为了配合政府改造犯人，女人你也在进行一个伟大的改造工程，别以为你都能按自己的意愿改造别人。

据英国《每日电讯报》报道，美国史上最臭名昭著的连环杀人犯竟然在狱中撞上桃花运。这样令人费解的事近日在加利福尼亚州监狱真实上演。年仅26岁的美女布特伦爱上了80岁的曼森，目前他们已经领到结婚证。"准新娘"布特伦告诉美联社，她"深深爱着曼森"，特意搬到监狱附近居住。

有的人呢，没有"爱他的一切"，只爱对方的某些"高分项目",同样不值提倡。

2017年6月9日大洋网、新浪网有一则新闻。无业男子班某以香港富二代、美国留学海归等身份，租用多辆豪车并使用冥币伪造百万现金，把自己打扮为年轻富豪。他同时交往多名女子，以帮女子办理驾照、为其购买装修前海豪宅婚房等借口骗取钱财，致一名女子张某怀孕5个月引产。张某被骗十八万元后选择报案。记者6月8日从深圳罗湖警方处获悉，该男子已经被刑事拘留。该男子长期住香格里拉酒店，自称家族在香港经营投资房地产，自己做投资生意，有玛莎拉蒂、法拉利和奔驰等豪车4辆。

班某以结婚为名对至少6名年轻女性进行骗财骗色。班某在与每一名受害者交往中，都会拍下两人的性爱视频和对方身份证，还都曾有意无意地向受害者展示过代表自己经济实力的满满一箱100万元的现金和一盒裸钻。经辨认，所有受害者看到的满箱现金正是送给张小姐的冥币，而一盒裸钻也只是玻璃制品。

新闻中经常有假大款、假富豪、假富翁以恋爱结婚为名对女人骗财骗色的。骗子懂得研究某些女人的喜好，知道女人的软肋。不过类似这些新闻中的受害女人们，喜好财富就喜好嘛，不要只听说，或只看表面，就神魂颠倒。即使心智失常、意乱情迷，也要等查实豪宅豪车相关证件之后、等查实银行存款之后。不要像上述受害人那样还要显示一点故作的自尊和矜持，不敢碰触那些钱币和裸钻。其实对方早就知你喜好这些，不然为何拿它来显摆？还是古老的交易方式好，一边验钱一边验货，一手交钱一手交货，虽然说赤裸裸，但稳妥。

人无完人，屌丝男和灰姑娘找到的对象更是如此，缺点和不足都比较明显。婚姻和爱情需要经营，生活需要改善，感情需要发展，而这些都与男女主角密不可分。就如二人转，需要男女演员经常排练，互相纠正错误，如此才能演好一出戏。

一个成功的男人背后，必定站着一个女人。当然这个女人不是闲着发慌无聊在那站，而是时刻关注他，帮助他，关键时扶他一把，共同经历风雨，一起迎接彩虹。

婚姻协议有多少经过协议

经过长时间的爱情长跑，男人觉得感情投资和经济投资差不多了，应该到了谈婚论嫁的时候，应该到了收获的季节，应该有一本结婚证确定一个时期的努力成果，女朋友的爱慕者不少呢，总得歇一歇、喘口气。

经过一番准备，女朋友接受了男人的求婚玫瑰和钻戒，女人答应把男人从男朋友的角色提拔到丈夫的角色并给其相应待遇。

男人没有高兴多久，女人的婚姻协议就来了。

在我接受咨询过的婚姻协议中，绝大部分是女方单方拟定的，站在女方的角度，各项条款明显有利于女方，专门保护男方权益的条款一条都没有。

好笑的是，几乎每个协议开头都明确写明"遵循等价有偿原则""本着互惠互利的原则"，婚姻和爱情也要像商品买卖或服务一样要给付对价，也要有偿服务。

现在择其主要条款说说。

（1）、男方债务女方不承担责任，男方的收入要全部或部分上交，女方的收入归个人所有、支配。

（2）、男方的婚前财产如房子双方共有，女方不负担按揭贷款。

（3）、男方出轨，男方净身出户并赔偿女方二十万元。

（4）、无论何种原因吵架，男方要先无条件认错。

（5）、以老婆为中心的"八荣八耻"，如"以伺候老婆为荣，以麻烦老婆为耻"，"以关心老婆为荣，以忽视老婆为耻"。

这些条款明显是对女方有利。女人呢也蛮有心计，在去领结婚证的那天拿出此结婚协议，男人不想好事变黄，基本不敢修改或提出异议。再说男人投资了那么多，钻戒也送了，结婚请贴也发了，酒席定金也交了，难以回头。人家接受钻戒同意结婚时，没有说何时结婚，也没有说不附带条件。

有的女人是在办结婚酒席的那天才将它亮出来。当司仪亮出婚姻协议时，都带有鼓动、煽情的话语，周围群众和女方亲友也起劲地起哄"签吧签吧",男人基本没有其他选择,人家都没问你同意不同意,只要你签字。如果男方不签字,就会逆了大家的兴致、冷了场、喜事不喜,更严重的是婚姻仪式无法进行下去,大喜之日不欢而散。

即便是新郎的朋友、同事、同学,也希望看到新娘拿出的"不平等条约",也想看到新郎的"笑话"。闹洞房是习俗,而婚姻协议还玩出新花样,他们当然也会起哄帮新娘说话。新郎有苦难言,只好苦中作乐了。

也有女人在度蜜月时亮出婚姻协议。此时男人荷尔蒙分泌量达到最大值,由下半身指挥头脑,全身如同置身于蜜缸中,且对女人的誓言犹在耳边,也不好意思拂逆爱人的要求,基本也会照签协议。

以上的协议,明明没有经过双方协商,可无一例外地写明"本着平等协商的原则",实际就是霸王条款。现在房地产不愁卖,开发商当然不会放过制定霸王条款。同样的道理,女人不愁嫁,为何不和开发商一样利用优势地位搞个霸王合同呢?而且开发商的霸王条款工商局等部门还会查处,但婚姻中的霸王条款民政局也不会管。

生活中有"乘人之危"谋己之利,婚姻中也有"乘人之喜"谋己之利,异曲同工,殊途同归。爱情不是纯净物,爱情仍然避免不了算计,避免不了利益的计算。

离婚了，就别再来找我帮还债

《离婚了就别再来找我》是由王瑞执导，张延、李保田等主演的家庭伦理剧。剧中女主人公师慧的丈夫李浩明是个小有志气却又屡屡被出版社退稿的"作家"。他脾气好，但人很窝囊，没有正式工作。师慧劝他找份工作，他还不肯。师慧忍无可忍，提出与其离婚。离婚后，李浩明没有去处，只得仍住在师慧的房子里。

我写这文章的标题和这电影名很相似，所以就一下想到它了。这电影里的故事与我本书的主题"爱情不是纯净物"相符合，还能支持我的观点。李浩明虽然有才，但无财，最终只能被老婆炒鱿鱼。

言归正传。很多人离婚了，并不意味着一定和前任一刀两断了。很多离异双方"夫妻不成情义在"，上面提到的李浩明和前任就是离婚还同套房；有的甚至离婚不离床；有的还谋求第二个任期；有的因小孩探视权、教育和抚养费等常与前任有矛盾纠纷或者经常交流。这些都可归于感情债务和历史遗留问题。离异人士在婚姻市场上遭遇贬值，这应当是理由之一。

现在重点说说经济债务。以下新闻是《法律与生活》杂志上的相关内容。

《澎湃新闻》一篇文章,《丈夫提出离婚后向父母"借"300万 妻子被判一起还》:这起民间借贷纠纷案,缘起于6张"语焉不详"的借条。江苏淮安的刘芝真(化名)夫妇起诉称,其儿子于波(化名)5年前借款300多万元一直未还,现在要求儿子与"前儿媳"赵芸(化名)共同偿付。

赵芸近日对澎湃新闻称,这场官司是其前夫与父母串通起来恶意提起的诉讼,目的是让已离婚5年的她来承担"子虚乌有"的债务,替官司缠身的前夫"还债"。

2016年11月23日,淮安市淮安区法院作出一审判决:由赵芸及其前夫于波共同返还272万余元的借款。也就是说,除了一张30.7万元的收条外,原告主张的其余5张共计272.2万元的借条全部被法院采信。而这5张借条,所载日期均在赵芸起诉离婚之后、实际离婚之前,均只有于波一人的签名。其中,3张无相应的汇款凭证,2张没有标明出借人或债务人信息。

这里不讨论真实情况是不是前夫与其父母在做假,我在这里想提醒各位的是,离婚了,你和前任的经济债务还没断,上面这案件就是离婚后五年才起诉的。

《网易新闻》报道的另一个案例中的董女士更加窝囊。

2012年2月15日,董女士和王某结婚。中国裁判文书网相关判决书记录,在婚后不到两个月时间里,王某向叶某

疯狂借贷112万元。其中最早一笔20万借债，发生于同年3月14日，此时两人的婚姻还没有满一个月。据董女士讲述，结婚两个多月后前夫王某即消失不见，至今下落不明。同年6月，她向当地法院提起诉讼，请求离婚。首次离婚未获得支持，直到2014年2月20日，她再次起诉后才被法院判决准予离婚。

董女士和王某法律意义上的婚姻存在了两年，但共同生活的时间可能也就两个月。判决书显示，王某向朱某举债时间为2012年2月19日，此时为两人结婚的第四天。此后的10多起民间借贷诉讼中，董女士均被判承担连带责任，总金额在500万左右，因为这些借贷基本在婚后两个月内发生。婚前由父母出资登记于董女士名下的一套价值300余万的住宅已被强制执行拍卖，因资不抵债，她也成了"老赖"。

"现行法律，特别是'24条'预先推定夫妻债务共同承担，这会造成现实中有人专门找白富美结婚，利用法律漏洞'合法'夺取对方财产。"有人如是感慨。

上面案例涉及的所谓"24条"，就是《最高人民法院关于适用〈中华人民共和国婚姻法〉若干问题的解释（二）》第二十四条，"债权人就婚姻关系存续期间夫妻一方以个人名义所负债务主张权利的，应当按夫妻共同债务处理。但夫妻一方能够证明债权人与债务人明确约定为个人债务，或者能够证明属于婚姻法第十九条第三款规定情形的除外。"

对于离异人士来说，不仅有感情债务，更要命的还有经济债务，而且这些债务数额不确定，何时爆出也不知道，一直得提心吊胆。所以，和离异人士结婚也有巨大风险，可能他（或她）就是负翁或负姐。与这样的人结婚，你就会和他们一样提心吊胆，唯恐殃及自身。这也让婚姻市场中的人们，大大压低了离异人士的价位，从而让自己在相关交换中获益提供了充足理由。

有人认为，离过一次婚的男人是个宝，离过两次婚的男人是根草。当然，这个世道主动抛弃糟糠妻的男人都是很有能力的，物质经济上也足够吸引人，从这方面说离过婚的男人确实十分抢手。

爱一个人不是"爱就爱了"，还得考虑方方面面。了断一场婚姻，也不能了断一切，比如感情，比如经济债务。

有些人看了我之前的文章，对于"爱情不是纯净物"的观点抵触很大，认为我破坏了爱情的美好形象、走极端，但看了本文，你还敢不考虑感情以外的方方面面吗？你就算不爱财，只求温饱，不找有钱人谈恋爱结婚，但你也得避免找负翁负婆结婚。物质经济这门科目你必须考核清楚，否则温饱都无法保证，还会经常有人上门追债、半路拦截，电话骚扰。

第四章

既门当户对，
又有所差距

门当户对与等价交换

婚恋中讲究门当户对,曾经受到过批判,认为那是封建思想糟粕。其实不然,门当户对适应当时的经济基础和社会环境,当时男女交往的机会几乎没有,因此有其合理性。即便当代,经济基础决定上层建筑,这个规律也没有消失。婚姻这个上层建筑是受当下的经济基础决定的,那么门当户对也有其存在价值和合理性。

现在先说说何为"门当户对",百度上搜索可知:"男女双方家庭的社会地位和经济情况、职业相当,很适合结亲。与志同道合、物以类聚道理相似。"

其实以上所说的门当户对是狭义的,还有广义的门当户对。除上面内容外,它应当还包含:教育相当、价值观相当、信仰相当。

前些年,在华语辩论赛上,中山大学和苏州大学作为正反双方,对门当户对是否过时展开过辩论。中山大学认为门当户对已过时,苏州大学则认为不过时。

赛后评委点评,认为苏州大学没有说通过门当户对这个标准和方法能相对节省寻找配偶的时间,没有就通过门当户对择偶的恋爱成功率高、婚姻稳定度相对要高进行阐明，因而失分。而正方中山大学队主张抛开门当户对进行择偶的方法和观念即通过"相处""也就是过日子"来考察对方各方面情况的观点也是错误的。因为，首先恋爱中接触的地点为公园、电影院、饭店、商场、大街，很少在家，也很少有家务，根本就没有"过日子"。没有真正的居家生活，恋爱中的双方都会让对方看到自己美好的一面，隐藏了某些不足，而且恋爱中的人们没有考虑也没有遇到很多情况，除非双方试婚。就算试婚，也没有双方亲友参与，也没有小孩。而只有双方父母和小孩存在的情况下，才会暴露双方的习惯和观念。

相近或相同的家庭背景、经济收入、生活经历、教育程度、价值观、信仰会让男女双方有更多的话题和共同语言，会有相对多的生活习惯和行为方式，会有更多相近的看法，会保持更长久的彼此欣赏，恋爱成功的可能性相对要高，婚后矛盾相对要少，幸福感强。我在征婚交友网站或报纸上的征婚中就看到信基督的男女要求对方也是信基督的。这也是基于同样的考虑。

婚恋中的双方，都想找个综合得分高的。双向选择的最终结果就是找个爱情分相当或相近的，否则都会有掉价或不配心理，满意度低。

门当户对更能体现等价交换。按照爱情公式，漂亮的女人嫁入豪门，灰姑娘相貌的分数很高，富家公子物质分数极高，但富家公子或长得帅或互相扯平。无论社会和当事人都会有心理落差，其幸福感或婚姻稳定度相对不高。更重要的是灰姑娘的相貌得分项在十年后分值会大幅下降，那时双方的分数就失衡严重，婚变的可能性就大。

既等价交换又让双方觉得赚便宜是最高境界，等价交换如何让双方觉得赚便宜？

从女人来说，不让对方的追求花费太多的时间和费用，另外要让对方知道有比男友综合得分更高的追求者和候选人。

从男人来说，只能是用情专注，对她百般好，永远不让其后悔。

爱情不是你想不买，不买就不买

前些年有一首歌曲《爱情买卖》火遍大江南北，当然也有主流音乐界中人说歌词内容低俗，但这不影响广大歌迷的喜爱。

在此引述下相关歌词："出卖我的爱 逼着我离开。""爱情不是你想卖 想买就能卖"。本文标题与《爱情买卖》的歌词表达的意思有相同或相似之处，但似乎更耸人听闻，读者会问我是不是标题党呢？

在此先说说何为"买"。从古至今有不同的说法或表述，古代是货物交换，现在是支付钞票，用广东话说是买单，从法律上说是给付对价或履行义务，通俗点也可以说是付出代价。

按中国习俗，爱情中一般男人主动，往往男人表现为"买"方。恋爱中男人消费购物买单付账自不必说，还需经常送贵重礼物。男人的目的也是明确的，当然是"交换"或文雅些叫做"获得"爱情。用"买"这字会引起很多人反感，我也心里难受，但用"交换""获得"这些词，大家可能就能接受了。

当下的中国，男女比例严重失衡，男人多出三千多万。很多人就是想买那也不是"想买就能卖"，因为"无货"可供应，何况你还不买。竞争如此激烈，"不买"能获得爱情吗？

有人也许会问，难道一个人的爱情只是区区买单付账以及几件贵重礼物的对价吗？爱情就值这点？问的有道理，男人付出的不仅是这些，还包括他的感情，还包括自己的身体，甚至全部。

婚姻中的彩礼也能说明问题。有人说彩礼是一项传统或仪式，不应视为"对价""代价"或"交换"。传统是从旧社会继承而来，旧社会的"纳采""纳吉""纳征"本就是婚姻买卖，或者说是"对价"的一部分。如果从传统这角度来看，那确实是"对价"的一部分。那么是不是只是仪式呢？大家都注意到，彩礼数额是逐年看涨的，随物价、收入的上涨而上涨，它也绝对不是一项纯粹的仪式。如果只是仪式，彩礼数额应当是象征性的、变动很少的，应当是不受供求关系影响或不因供求关系而数额差别巨大,应当不是"万紫千红一片绿"(一万张五元的,一千张百元的,另加五十元的若干)、"一动不动"(一动是汽车,不动是房子)。

前面说了好多"八卦"内容,如果本文仅仅告诉大家这些,未免让大家失望,我也会觉得是否有点哗众取宠。

现在从法律角度谈谈"爱情不是你想不买,不买就不买"。

《婚姻法》第二十条:"夫妻有互相扶养的义务。一方不履行扶养义务时,需要扶养的一方,有要求对方付给扶养费的权利。"从这条规定来看,夫妻任何一方都要为爱情买单付帐,爱情不能只收获快乐,也要承担痛苦,既享有权利,也须承担责任和义务。

不仅夫妻之间婚内有责任和义务,离婚后也不是离了就没什么事了,离婚后还要依法承担责任和义务。《婚姻法》第四十二条:"离婚时,如一方生活困难,另一方应从其住房等个人财产中给予适当帮助。"

婚内互相有扶养的权利和义务,大家都能理解和接受,那离婚后仍须承担帮助,法理和社会基础在哪里呢?

恋爱时,双方都有海誓山盟,都会说爱你永不变。结婚仪式上,双方也有婚约:"我愿意她(他)成为我的妻子(丈夫),从今天开始相互拥有、相互扶持,无论是好是坏、富裕或贫穷、疾病还是健康都彼此相爱、珍惜,直到死亡才能将我们分开。"法律也是有限地承认双方的约定的,每个人都应当为自己说过的话负责，更何况当众的誓言呢。

　　在现实生活中，一方瘫痪而另一方要求离婚的法院一般不准离婚。新闻报道中，很多都有一方带着前夫或前妻再婚的，这既是法律的要求，更是双方的约定或条件。

　　假如一方成为植物人，不省人事，这种情况离婚难度更大，因为植物人一方是无民事行为能力人，无法表达意思，另一方也不能以此认为感情破裂。

　　相关新闻：青州市的邱风云坚持带着植物人前夫改嫁，第一次带着前夫和儿子改嫁一年后，第二任丈夫不接受前夫。她离婚后又带着植物人前夫嫁给第三任丈夫许某。虽然邱的父母亲人都反对她带着前夫改嫁，但邱不为所动。邱因此入围由中央文明办主办的"中国好人榜"。

　　现实中也有植物人亲属要求另一方照顾植物人的，否则不同意离婚，但他们一样能让人感动。虽然说法律有规定，虽然主张"爱情不是你想不买，不买就不买"，但遵守法律也是难能可贵，也是好人，而且法律并没有要求其改嫁或再婚带着前夫或前妻的。面对这些事例，相信大家更愿意从双方的爱情出发，从双方的誓言出发，从履行"不离不弃"出发，"君子度君子之腹"，而不是从法律的硬性规定设想。

没有最合适，只有比较合适

最好的不如最合适的，很多婚恋专家的指导文章，都劝男女们不要找最好的，而要找最合适的。相对于某些剩女一定要找个最好的，婚恋专家的指导有进步。但实际上没有最好的，也没有最合适的，只有比较好的，或者比较合适的。比较好的不如比较合适的，所以我的建议是找比较合适的。

各种离婚案件中，性格不合是最多的说辞。有部分是性不和谐，难以启齿而借口性格不合。

现代爱情十分脆弱，爱侣动辄分手、离婚，说性格不合。心理学家研究认为，无论谁跟谁结成一对都会性格不合。性格和爱好兴趣完全一致的男女，是否就是最好的一对呢？不是的，大家公认的爱情匹配是：比如女的温柔，男的阳刚，一男一女本就性格各走一端，互为一极。幸福的恩爱夫妻并非天造地设、完美兼容，而是双方准备好接受现实的磨砺，理解并善于发现对方的亮点，或者说契合之处。

世上没有相同的两片叶子，也不要试图找到最相象的两片叶子，因为穷尽一生，一个人也无法看遍所有叶子，更不要说一一比对。中国的文玩核桃炒出天价，"文玩"也就是找出两个最相象的核桃，能炒出天价，是因为两个相象的核桃难找，没有天造地设的一双。

即使比较好和比较合适也是针对某个时期、某个地区而言。比如你在广州工作，活动范围也就在五十公里半径内，社交圈、生活圈更小，俗话说隔行如隔山，很多人主要在同行业或相近行业活动，所谓的比较合适，也仅限于以上认识的这些人里的，说大点也就包括这些人在广州的同事、同学、亲友。当时过境迁，你换了行业或者工作职务有了提升，事业有了发展，其社交圈和活动范围又有变动，那么以前认为比较合适的，现在看来就变得比较不合适了。以前满意的妻子或丈夫，现在比较起来就变得不满意了。

现代人生活节奏快，心情浮躁，不肯为感情多安静一会。

生活中常能听到："我受不了他了""我们想要的生活不一样"，进而抱怨对方言行，要求对方改变来适应自己。有些人天天搜集、统计、放映对方的可厌言行，对方的良言善行却有意无意地不登记和遗忘。因此，离婚率很高。美国初婚的百分之四十以上、二婚的百分之六十以上都是因此而离婚，美国可是没有为房产限购而"假离婚"的夫妻。

在初见时，双方都看到彼此不合适的地方，但认为只是小差异、小瑕疵，"爱他就爱他的一切，包括缺点"。后来呢，忍耐力、爱情热量逐渐流失，缺点、不适、痛苦就放大了，"不喜欢他，对他的好处再也看不见"。

就算是文玩核桃，假如从千万个核桃中选出最相象的出来配成一对，鉴赏家也得花很大功夫欣赏鉴别。如非一一比较，鉴赏家就说这是最相象的一对，别人也不相信，也不会出高价购买。

不管别人的如何，能握在自己手里的两个核桃才是比较相象的、比较合适的，或者是比较好的。

双方分数相差悬殊，必有特殊故事

虽然我多方论述：爱情＝物质＋感情＋其他，双方的爱情分数应相匹配，但历史上仍有分数相差巨大而相爱结婚的。这也成为那些人质疑我理论或观点的理由和事实。

双方分数相差悬殊，必有特殊故事。"特殊故事"会特殊加分，就如高考中少数民族也是有加分的，还如见义勇为的青年也是有加分的。相对而言，这些加分涉及方方面面，涉及公平公正问题，加分幅度不大；而爱情婚姻市场上的加分，不涉及公权力，可完全是一个人说了算，加分的幅度随意性很大。

唐初开国宰相房玄龄，智能高超，才华出众。其妻子卢氏，盲一目，头发花白，但房玄龄没有像那个时代其他达官贵人那样妻妾成群，连皇帝都看不下去。皇帝就想送给房玄龄两个小妾，但卢氏坚决不同意，宁可喝皇帝赐的毒酒，实为醋，留下后来广为人知的"吃醋"典故。房玄龄的惧内和专一，是有缘由的，那就是房玄龄从小寄住在卢氏家里，卢氏不嫌其落魄贫穷，不顾一切爱上他。房玄龄在自己病危时劝其在自己死后改嫁，那时房还只是个小官吏，且卢氏年轻，但卢氏剜目明志。卢氏性情刚烈，对其有恩、有爱、有情，而且卢氏娘家极有势力，"范阳卢"为名门望族，当时的顶级世家之一。

那些历史人物离得远，我们说说离得近些的。很多有文化、长相不错、工作很好的女人，其老公长相一般，文化比女人低几个级别，打份普工。很多人都不解这女人为何下嫁这样的男人，比其老公各方面强的追求暗恋者都排一个连却不选一个。其实知道内情的人就不觉奇怪，女人以前读高中和大学的费用就是男人家里负担的，双方有约定，以后女人嫁给这个男人。

2016年9月15日的东方网报道标题是《27岁奥运冠军嫁50岁恩师，是感恩更是爱情》。北京奥运会女子200米蝶泳金牌得主刘子歌与金炜从金牌师徒到金牌夫妻，应该得到所有的祝福——27岁奥运冠军嫁50岁恩师，是感恩更是爱情。

刘子歌能够获得奥运冠军，金炜居功至伟。从15岁来到上海训练，金炜就一直是刘子歌的主管教练，而在刘子歌简单的生活中，金炜教练承担了照顾她衣食住行的责任。可以毫不夸张地说，没有金炜的付出，就没有刘子歌的成功。

要知道，当年金炜为了建游泳训练基地，把自己买进时 40 万元的车 28 万元就卖出去了，这种牺牲不是常人所能承担的。所以，刘子歌对金炜充满感恩。

想当年，28 岁的博士翁帆嫁给 82 岁的诺贝尔奖获得者杨振宁，很多人并不看好。10 多年过去了，不仅两人的爱情历久弥新，而且婚姻也牢不可破。2015 年 7 月，著名歌手张靓颖在长沙站巡回演唱会唱到《终于等到你》这首歌时，突然公布与少城时代 CEO 冯柯的恋情，两人恋情正式曝光并大胆认爱。无论翁帆和杨振宁，还是张靓颖和冯柯，都属于刘子歌和金炜一样的"老夫少妻"。他们的结合属于典型的"感恩 + 爱情"。

抛开奥运冠军不谈，刘子歌青春亮丽，而金炜身体发福，不复当年的英俊潇洒，而且金炜离婚有小孩，在婚姻这科目得分也低。

这些特殊事例的存在，不但没有动摇我的理论和观点，反而是对我的理论一个很好的证明。

第五章

应聘一份工作——丈夫或妻子

丈夫或妻子的工作你干得怎样

能有一份工作是幸福，而丈夫或妻子的工作则是所有工作中最幸福的。正因为待遇丰厚，所以这两份工作求职应聘时间也最长，一般面试要一到三年，有的面试及等待录取时间要十多年，如《神雕侠侣》中的杨过就等待了十六年。

既进职场，就得努力工作，就得懂职场的规矩和潜规则。

老板不想看到，公司创业初期或者公司业绩不佳时，雇员要求增加福利待遇或者雇员辞职而去。丈夫也不想看到在自己经济条件不好、收入不高时，妻子大手花钱，抱怨别人的老公如何能干，甚至提出离婚。

雇员不想看到，在公司形势好转、福利待遇增加时，老板辞退自己。妻子也不想看到，丈夫在事业成功、经济形势好转时找小三移情别恋，或者提出离婚。

所有的雇员都不希望自己在年老时被解雇。按劳动合同法的规定，十年的劳动期限满后，双方就应当签订无固定期限的合同。劳动人事局有相关规定，"40"、"50"（女40岁，男50岁）职工要特别关照。女人在40岁、男人在50岁时，在婚姻市场上找工作的能力就大大下降了。妻子和丈夫也不希望对方在年老时解雇自己，特别是女人在年老色衰的时候，男人在技能老化、上升无望、陷入困境之时。俗话说"是骡子是马，拉出来遛遛"，婚姻长跑十年，这一遛遛就是十年，不但遛遛还是赤诚相待十年。

两人不但是员工，也是合伙企业的合伙人，或者是公司股东。一般情况下，在外丈夫是总经理，在内妻子是总经理，而董事长一般都是由妻子担任了，有句话"妻管严"嘛。

合伙人和公司的董事、高级管理人员，都有同业竞争禁止义务。《公司法》一百四十九条，"董事、高级管理人员不得有下列行为：自营或者为他人经营与所任职公司同类的业务。"《合伙企业法》第三十二条："合伙人不得自营或者同他人合作经营与本合伙企业相竞争的业务。合伙人不得从事损害本合伙企业利益的活动。"

在此提出上述法律规定，不是为了卖弄我的法律知识，而是想说明婚姻中常见的一个现象：婚外情或重婚。

男人或女人，应聘丈夫或妻子的工作后，不但是董事、高级管理人员，而且是合伙人。无论谁搞婚外情或重婚，都在外面担任同样的职务——情人、丈夫或妻子，经营同样的业务——爱情或婚姻，都违反了同业竞争禁止规定。

《劳动合同法》第三十九条，也禁止劳动者同时与其他单位建立劳动关系，损害本单位的利益。男人或女人在外面找情人或另外担任别人的丈夫或妻子，实际严重损害"本单位"和合伙人利益。情人这一职务，其实和丈夫或妻子的工作内容高度重合，只是称谓不同而已。出轨者也许是想以"情人"这叫法规避法律规定、掩盖自己丑行吧。

经济适用男——感情和物质的平衡点

"男人有钱就变坏"这句话流传很广，让很多女人找有钱男人时有所顾虑和警觉。可是"有情饮水饱"在物欲横流的社会又难做到，既想要感情，又不能不考虑经济，二者取其中，"经济适用男"这款量身打造的产品就适时应市了。

经济适用男一般是指这样一个层次的男人：1. 工作收入稳定，大多为工薪阶层；2. 个人收入足够养活一家三口，能首付且承担得起每月按揭贷款，购买的房屋为三房一厅足够一家三代居住；3. 顾家、对老婆专一，收入上交家庭财政后无余钱"花心"。

经济适用男，介于"钻石男"和"屌丝男"之间，没有钻石男的高、富、帅，也没有屌丝男的矮、穷、丑，收入刚好维持全家生活，忙于工作和家务，没有多余时间和精力去"花心"，没有权势和地位，即便有"贼心"也没有做贼的能力和便利条件。

经济适用男越来越受重视，这意味着婚姻市场的拐点将要形成，社会个体开始把追求幸福的过程转向内心或内心与物质的平衡，而非完全的物质层面。毕竟高富帅不多，和谐社会还得看经济适用男和灰姑娘。

有些女人对经济适用男的物质经济不够满意，那么她们会开展"训夫"计划，在自己眼皮底下改造丈夫，让丈夫的经济收入大幅提升。相对于婚前就有钱的男人，这个老公要安全得多，因为他是自己一手造就的，他的死穴自己随时拿捏。他的收入已上交或由自己掌握，他想坏没条件，虽然收入高，但身上实际没钱。

为什么有经济适用男，而没有"经济适用女"呢？因为男人不看女人的物质经济，而女人偏重考核男人的物质分数，故而男人不会去找"经济适用女"，也没有"经济适用女"这概念和意识。这也印证了我的爱情公式的正确性。

对于男人来说，有"相貌适用女"这款产品的需求。男人比较看重外貌，"相貌适用女"是指这样的女人：长得不漂亮，也不算丑，算得上五官端正，走在大街上回头率很低，基本没有马路求爱的艳遇可能，见面一次留不下啥印象，不是特别注重打扮，最多只是略施粉黛，不披金挂银，不穿名牌服装。

在女人的强烈需求下，社会制造生产了"经济适用男"这款适时产品。当下讲究男女平等，男人也有强烈需求，社会也应该大量生产制造"相貌适用女"以便供应婚姻市场。

结婚证是爱情的注册商标和产权证

　　黄宏、董卿在 2008 年春节晚会中表演小品《开锁》，为证明自己身份，他们拿出了差不多堆起来和自己一样高的证件。看了这小品，大家都感叹，中国的证件真多，多到泛滥的地步，没证件很多事办不了，没证件寸步难行。

　　但有些证件是有必要的，比如结婚证。

　　恋爱中，他和她互称"男朋友""女朋友"。他们也许早已同居，也许生有小孩，但不管如何亲密，别人还是认为他们只是男女朋友关系，不是配偶。"男朋友""女朋友"不是法律名词，只有"丈夫""妻子"才是法律名词。它们之间有一个差距，前者没结婚证，后者有结婚证。

　　1994 年 2 月 1 日《婚姻登记条例》发布后，政府就不再承认事实婚姻了，即使按风俗习惯已经拜堂成亲摆喜酒、甚至以夫妻名义同居生了小孩。男女双方只要没有领结婚证就不被承认是夫妻。

　　为什么说是商标呢？对于男人来说，女人是他的脸面。如果女人活得滋润，活得快乐，那说明这男人有能力，说明男人深爱着老婆；对于女人来说，男人也是她的脸面，如果男人穿着整洁，精神焕发，也说明女人深爱着他，说明她每天关心着老公。这就如同商标是产品和服务的脸面，商标越有名气，说明产品和服务越好。

结婚证更多时候是证明商标。我经手过一个案件，河南某女与某男长期以夫妻名义同居，生育一小孩，后某男在广东发生交通事故意外死亡。该女及小孩以受害者亲属向责任方索赔，但无法证明其妻子身份。由于小孩违反计划生育，也没上户口，无法证明父子关系，也不能以本人名义索赔。她及其代理律师几次来广东开庭都无法审理查明。后来双方私了，她做出重大让步，损失很大。

江苏综艺节目有一期说到两个同居八年不结婚的主角，分别是张健和林珍。林珍在张健最困难时拿出十八万开公司做生意，女方也参与经营但不领工资，后来积累了千万资产。现在双方闹矛盾，男方要分手，只肯给女方十八万另退回本金。

在这时结婚证就相当于公司的股权证明。如果双方结婚，那么公司财产是夫妻共有，女方不但可分得公司财产的一半还可收回婚前财产十八万元。

以前国家搞改革，记得一个很响的口号就是责权利相统一。婚姻爱情领域也需要责权利相统一，只有责权利相统一的感情，才能稳定持久。

前面说到的那些享受已婚待遇的男女，"利"有了，但"责"和"权"不明。他对她没有丈夫的责任，她对他也没有妻子的责任；对方生病住院没有照顾的法定义务；对方没有生活能力或经济困难，另一方也没有帮扶的法定义务；对方移情别恋，另一方没有权要求对方忠诚的法定义务，无权要求对方进行精神损害赔偿；对方的收入另一方也不能依法享有；任何一方都可随时来个"说走就走的旅行"，他方无权干涉。

有句话大家都公认，那就是"爱情都是自私的"。这是说爱情不会大方地让与第三方，一方不会容忍对方和他人有婚外情。既然爱情是自私的，是私有的，那就得有个产权证，这个产权证就是结婚证了。

产权证中最重要的是房产权证（现在改称不动产权证，为叙述方便，仍按老说法，而非作者法律僵化了），那么结婚证和房产权证有何相同或相似之处呢？

结婚证是无期限的，不需要续费，但爱情需要不断投入，每年生日或重要日子都要给爱人礼物，平时也要嘘寒问暖，婚姻需要经营和续费；产权证呢？七十年它后会自动延期，但土地使用权要续费，房产也需每年不断地维修，大修理基金也要适当地使用和管理。

对于爱情和婚姻来说，结婚证记载有两人名字，说明为男女双方共有；房地产权证呢？有些是一方所有，但房产权证上有双方名字的，则是双方共有房产。

房产权证上有建筑面积和使用面积，房产有建筑面积、使用面积、公摊面积的区分。那结婚证呢？夫或妻就是对方的"使用面积"，任何一方不能超范围使用；孩子就是双方的"公摊面积"。从婚姻来说,夫妻私生活是"套内使用面积",不能超过房子的墙壁;夫妻、小孩和老人的全家生活是"建筑面积",可以不限在室内。

对方父母及亲戚,就是另一方的相邻关系。在所有的相邻关系中,据说婆媳关系最难处理,二者一般住得最近又常有噪音影响对方。相邻关系处理得好社会才和谐,家庭才和睦。

有结婚证的抽屉,一般都有一本房产权证;有房产的地方就有婚姻和爱情;房产权证记载权利范围——面积,结婚证记载双方自由的界限——结婚时间。

没有结婚证的男女,在偏僻角落过分亲热,别人会说是偷情;有结婚证的男女,在公众场合亲热,别人会说是秀恩爱。

双方领了结婚证,就可当着众人说,这是我的女人,或者说这是我的男人。

有结婚证的男女,请大声说出来:"我也是有产权的人!""我的产权风可吹,雨可打,阳光可晒,但他人不能动。"

婚姻是一份无期限的合同

"连就连,你我相约定百年,谁若九十七岁死,奈何桥上等三年。"刘三姐唱的山歌中涉及到数字的,不都是实数,爱情没有期限,婚姻也是没有期限。

以前电脑手机不普及、交通不发达，恋爱时多有书信往来，书信就是爱情的书面合同了。

在当下，一般在两个人的恋爱阶段，很少有书面合同，多为口头合同，比如经常挂在嘴边的"我爱你"，"天天想你"。现在男女之间连一天就能到的书信也等不及，也懒得提笔写信，想说爱时即使在大庭广众之下，也会当场向对方表白爱意。正是因为"我爱你"太随口，且又"被雨打风吹去"，男女之间关于爱的约定经常有反复、时有背叛。这逐渐成为一种常态。

爱情合同中，除最普遍的口头合同外，其他形式的合同也很普遍。比如用肢体形式或动作表达的合同，具体是：双方接吻，两人拥抱，双手相牵四目相对，无距离接触……

有某些负心女或负心汉，跟人接吻过、拥抱过、上床过，移情别恋时，却振振有词、理直气壮地说："我又没说过爱你，就是跟你上床也不代表什么！"他（她）们以期能潇洒地转身离去，免除良心谴责。这其实是无赖行为。按照《合同法》第十条，合同有书面形式、口头形式和其他形式。用肢体语言或动作语言表达过的爱情约定，就是其他形式的合同。

婚姻合同一般采用特定形式，如中国古代的拜堂成亲，当下进入法制社会，采用书面的结婚证形式。

以前在少数民族地区，婚姻合同比较汉族有特殊形式，如壮族的抛绣球，男人接了女人的绣球，就表示婚约成立了。

在埃及，女人接受男人给其无名指上戴上的戒指，就表示婚约确定了。

无论书面的、口头的、其他形式的婚姻合同，其约定的内容都不可能面面俱到，仍需要在事后补充，就是在婚后很长一个时期，还是需要双方协商相关细节。

有的内容无需补充，可以按民族习俗或者按当地风俗习惯。比如男主外女主内，你耕田来我织布，你挑水来我浇地。

现代的男女讲究男女平等，不按风俗习惯办事。很多事务由于没有订立详细条款，争吵和矛盾就经常发生了。如小夫妻就会为谁拖地、谁洗碗，谁做饭闹不愉快。

有些男女为谁应该先献吻、谁应该先拥抱对方、谁应该先说"我爱你"以及它们发生的频率都有不同意见，也需要双方协商制定相关合同条款，以便遵照实行。

有些有约定的却不能坚持。如男人说过每年要在女人生日或结婚纪念日送其礼物，这还有监督履行的问题，有时还得请第三方仲裁合同，妇联和居委会就多了一些工作职责。

合同条款应当具体明确，比如拿"我爱你"这话来说，具体怎么爱？具体爱多久？没有具体明确，操作起来不容易。

恋爱的过程也就是讨论合同条款和签订合同的过程。在商事活动中，缔约双方首先会看对方资信情况，一般都不想和没有实力的皮包公司谈业务。恋爱也一样，首先看物质，既要看有形资产也要看无形资产，达不到收入或财产条件的都被过滤掉了，连面试的机会都不给对方。感情是后来才有的，能达到结婚程度的感情更是一般要熬煮一年时间，最初的爱情仍然是发自内心的喜欢。一个人如同一道菜，爱他这道菜也包括爱他"物质"这些食材。如果食材变了，这道菜也会变，有的变得更美味，有的变得较苦涩，那么爱情的味道就变了。

男女双方，虽然关系亲密，在订立合同条款时，还是要先小人后君子，争取对己有利或比较公平的合同条款，免得某项规定对己不利，婚后想反悔又陷自己于不义，或者失信于人，或者让对方有骗婚或变心的疑问。

公司财产共有，股东各自独立

男女双方结婚成家，实际是成立一家公司或者是合伙企业。

婚姻是两个股东投入不对等，股份相同、分红相同的合资公司，由于破产或倒闭承担的责任或债务不对等，散伙分得的财产也不相同。公司的工作人员有两个股东的父母，也有两个股东招兵买马来的儿女，时不时还有来打零工的兄弟姐妹等亲友。

公司需要章程，章程最好在成立后制定。如果在婚前做各种约定，女方会利用优势地位要求章程有利于自己，男方

也会为促成公司成立和早日开张，而不现实地或违心地添加讨好对方、贬损自个的条款。这样，男方以后会觉得不公平而不愿意认真履行，从而产生纠纷。

虽然公司财产公有，但股东是独立的。各有各的朋友和社交，这些都需要花费，而公司财产不能和股东财产混同，股东的个人消费也不能拿到公司报账，所以私房钱就不能缺少。

公司也有无形财产，公司一旦倒闭，很多无形资产都不存在。但其中的股东以前用公司财产包装、培训而获得的无形资产或可期待利益仍然存在，一旦男女双方分道扬镳，一方仗着之前的包装和培训完全可获利。

公司经营中也建立有销售渠道或者人脉关系，也有技术秘密，负责联络、销售和技术一方，公司倒闭后也可利用这些获利。

从上面可知，散伙后即使对公司财产平均分配，也仍然会造成事实上的不公平，总会有人吃亏了，有人占便宜了。现实中，获得公司包装、培训的多是男人，负责联络和销售的也多是男人，因此一旦解体，女人明显吃亏。

之前有文章说到青春损失费该不该赔的问题，在这里我觉得女人应当比实际分得更多的财产，因为那些无形资产、销售资道、技术秘密，这些都是双方共有的，男人应当适当补偿女人。

婚姻的四种调味品和两个基本功

爱情虽然美好，但爱成为习惯，就如入芝兰之室，久而不闻其香。因此，婚姻需要调味品。

爱情厨师常放四种调味品：酸、甜、苦、辣。酸味是嫉妒，甜味是撒娇，苦味是猜疑，辣味是争吵。

嫉妒放得合适，可以满足他（或她）的虚荣，证明一方对另一方的重视，能时时感到对方关注自己，时时感觉爱就在左右。适度的嫉妒能使对方产生一种隐隐危机感，增加情感忠诚度。醋意也可使女人显得妩媚可爱、惹人怜惜。但既是酸醋味，不可放得太多，否则会酸掉牙，也盖过食材的味道。泡酸有经验的人都知道，酸放得太少也不行，不但让人感觉不到酸味，泡酸时还会让食材变坏。尤其注意，酸醋只是调味品，不可喧宾夺主，不可多于食材。

撒娇一般是女人的专利。撒娇任性，可避实就虚，甜入心坎。流泪为女人必杀技，以退为进，以柔克刚。撒娇在女人处于不利处境时，最适合应用。甜味没人会拒绝，尤其是这甜味来自于爱人。糖醋排骨这道菜很有名，但婚姻中不可糖醋混用，嫉妒和撒娇不可同时使用。

猜疑这种调味品，因是苦味，虽良药苦口，可也没人愿意品尝。即使如此，人们生活中还总是身不由己地放这味料，放的量还经常控制不了。鉴于此，只能立足于防，夫妻任何一方都应当少接近调味料的放置地点，以免控制不了自己而加此调味品。另外，放料的人最好先把猜疑用勺子取少许，看情况再酌情添加，免得手一抖，撒下太多，苦不堪言，以致无法收拾。

争吵是用得最多的调味料。上面文章说过，婚姻合同不详细，故很多方面要补充完善，因为情况条件经常有变化，合同条款也要经常更改，故而夫妻双方要经常协商条款。虽然彼此是双方至爱，但还是有利益冲突，还是有不同观点和立场，有感情与欲望的调和与对立，争论乃至争吵不可避免。

争吵能知道对方想什么、要什么，同样地能让对方知道自己想什么、要什么，争吵是特殊的沟通。争吵的过程也是磨合的过程，争吵如同夫妻润滑剂，适度的争吵能减少摩擦。在争吵中提出问题和要求，双方讨价还价，最终达成双方能接受的方案。

既然没有办法避免，未雨绸缪，那就找耐得辣味的人结婚。"湖南人不怕辣，贵州人辣不怕，四川人怕不辣"，因此这三个地方的人是结婚首选，特别是重庆人，不但怕不辣，还是彩礼最低。男人如果能找重庆女人结婚，实是三生有幸。

四种调味料品尝过了，那两个基本功是啥呢？两个基本功是——抬头、低头。也许有人说这也太容易，太平常了。确实是平常，但大家抬头、低头了，方向可对？

"抬头"做啥呢？是抬头看对方的优点，仰视他（她）。

无论对方处于怎样卑微的地位，无论对方身高几何，你都得学会尊重和仰视他（她）。

法国雕塑家罗丹说过："对于我们的眼睛，不是缺少美，而是缺少发现。"在罗丹的话后，我还是想补充一点，缺少发现美的意愿。夫妻天天见面，早已审美疲劳，有多少人愿意再去发现对方的美？有多少人愿意再去发掘对方的优点？有多少人愿意每天回忆对方的好？

"低头"干啥？是低头认错，是让步。只有先"抬头"发现对方优点或有理的地方，才能低头。夫妻在职场，在社交场合，礼貌用语用得很顺溜，"对不起""请原谅""打扰了""麻烦你"经常挂嘴边，有的还来句洋文"Sorry"，但这些词汇在家庭用得极少，甚至没想过使用。

婚姻的几种调味品的由来是这样的。看到人间男女之间的爱情太美好，听到民间说："只羡鸳鸯不羡仙"，神仙因而嫉妒不满，人间竟然比上界快乐，长此以往，偷偷下凡的神仙会越来越多，一心修炼升天的凡人越来越少。爱神维纳斯只好让爱情加几种味道，平息神仙们的不满和投诉。

既然是上天的安排，婚姻的几种调味品也只有酸甜苦辣，不妨坦然受之，尝试适应它们好啦。

爱情既然是多种物质组成，就有各种味道，有甜言也有噪音，爱的路上有阻力，让我们且行且珍惜。

我们要抬头期待明天会更好，抬头看看天上刻录的双方誓言还在闪耀；我们要低头回顾一路走来的美妙风景，低头捡拾双方失落的点点滴滴。

婚姻是爱情的高级班

虽然说异性相吸引是人的本能，但异性相吸引和爱情是两回事，爱情源于异性相吸引，但所谓"青出于蓝而胜于蓝"，由"蓝"到"青"。爱情有一段很长的路，其间发生复杂的物理和化学变化。婚前的恋爱，只是两个人刚"入门"，只是在"入门班"刚就读，谈婚论嫁时也就是"初级班"或者说"提高班"结业，时间长点的也就是"中级班"研修。

王海鸰在其著作《大校的女儿》中有句名言：婚姻不是爱情的唯一形式，爱情也不是婚姻的唯一内容。他讲述了一段特别的爱情故事，有情人不一定会终结连理。男女主人公姜示安和韩琳最终没有在一起，他们两个还是各自过着自己的生活，不过彼此依然互相关心着。

婚前只有两个主人公，婚后则多了儿女，多了双方的父母以及亲戚朋友。人物多了，戏也相应增多，台词和身法步配合不容易；活动范围也从公园、影院、商场，扩大到社会各个角落；婚后要考虑的变量也要增多，如同中药制剂，成分多了，配伍得很有经验的药师才行。

有人说婚姻是爱情的坟墓，实际情况是有些人学力有限．初级班学习时间不长，大多限于异性相吸层次；中级班未认真学习，只是依赖荷尔蒙等性激素激活全身的血脉和大脑皮质；高级班匆忙进入就读，既不补课也不认真排练就匆忙进入角色，以为进了高级班就已修成正果了。如此功课落下太多、学业太差、功课不及格，理所当然遭到退学处理。

恋爱时追求的是快乐，婚姻家庭考虑的是全家的生活和儿女的抚养。二者考核的目的和标准不完全相同。恋爱时可以尽可能多地考虑浪漫，婚姻家庭则尽可能多地考虑责任。婚前撒娇任性可换来情趣和欢喜，婚后撒娇太多会招来男方的烦恼和离场。

恋爱期一般很短，女孩子生气，男人哄一哄逗一逗、说点好话，就到结业时间了。婚姻期很长，女人生气，男人哄了一次又一次，逗了一次又一次，相同的台词重复多次，若始终没到落幕和毕业的时候，就失去了耐心和坚持。

在有关少林的电影电视中，经常有这样的情节：少林弟子艺成想下山，必须经过严格考试，打过木人巷、十八罗汉阵方可下山，否则不能以少林弟子名义闯江湖，以免损害少林威名。婚姻之于爱情，就如十八罗汉阵之于少林弟子，木人巷和十八罗汉阵不是少林弟子的坟墓，同理婚姻也不是爱情的坟墓。

木人巷和十八罗汉阵是每个少林弟子的目标，是武艺大成的标志。婚姻也是爱情的目标，是男女爱情大成的必经之路。

第六章
爱情永远在路上

爱情不是低值易耗品，
而是一个家庭最大的固定资产

每当夫妻劳燕分飞，离婚时常为分财产搞得焦头烂额。谁都想对自己有利一些，但无论结果如何，双方都是输家，因为最大一笔固定财产损毁了，谁都没有得到。

其它固定资产有折旧年限，如房屋一般使用年限也就70年，但爱情的折旧年限是无限期的，因此它不是低值易耗品。

凡固定资产都需要装饰、修理、维护、清洁，不能用过就扔，不能随便更换，另外有的还需要经营、管理。爱情也需要修理、维护、经营管理，爱情也会蒙尘，也需要时时擦拭。

房地产因市场需求旺盛而升值，也会因市场需求疲软而贬值。但爱情这个固定资产，年年增加投资，其价值是年年增加。因此，按结婚年限，有纸婚、木婚、铁婚、银婚、金婚、钻石婚之说。

很多贫穷夫妻，家徒四壁、身无长物，却过得很幸福。探索他们幸福的秘密，那就是他们把爱情当成无价宝。虽然别人多了房子、车子、票子，但其数加起来再大也是一个自然数。爱情这个固定资产价值无穷大，一个无穷大的数加上

一个自然数还是等于无穷大（∞+n=∞）。所以，贫穷夫妻在财富上并没有比别人少，而且贫穷夫妻能长相厮守，共同经营爱情。比较那些为房子、车子、票子而聚少离多的夫妻，比较那些为各种欲望吵闹的夫妻，他们能更多地享受爱情。从这角度看，他们更幸福。

《成都商报》新闻：南充市嘉陵区临江乡境内有一座灵隐寺，距寺庙10余米处有一天然石洞，名曰"硝洞"。洞口是一片临空突兀的石崖，犹如一片"巨瓦"，为下方两百余平方米的空地遮风避雨。最近，一对在此处居住54年而未搬离的"神仙眷侣"逐渐为外人所知。李素英77岁，57年前经人介绍嫁给当时的村干部梁自付。结婚第三年，夫妻二人便搬离村集体房舍，来到"硝洞"安家。娘家人不忍李素英受苦，劝她回娘家，但李素英觉得"嫁鸡随鸡，嫁狗随狗"，坚持留在"硝洞"。

以上这新闻，是不是和我之前的观点"房子是婚姻的准入证"相冲突呢？不是的，社会规律不是自然规律，只能看一般情况，不能绝对化，而且这两夫妻不在城市，且又是计划经济时代进的婚姻殿堂。

有些有钱有权有势的男人，将感情分成N份，拥有"三妻四妾"。那他们夫妻这份爱情的价值不到别人的N分之一。从宝物的价值来说，一个宝物被破坏成N份，有可能没有价值或全部组成部分的售价总和不及原价的零头。

欲望越多幸福感越低，食欲越强味道越美

经济学上，有一个幸福方程式，是美国经济学家萨缪尔森提出的：幸福＝效用÷期望值，幸福与欲望成反比。佛说一切痛苦源出欲望太多。

为何食欲越强味道反而越美呢？食欲越强的人，其唾液、消化液分泌最多，味蕾等器官处于最佳的工作状态，能在极短时间消化分解食物，故能最大地感觉到美味。在吃完后人的唾液、消化液就停止分泌，生理上就有饱的感觉。而人的欲望无止境，生理上没有控制机制，实现了一个又有一个，总有处于饥渴状态。

婚姻满意度或者说婚姻幸福感，据相关人员调查，随结婚年头而呈"U"字形变化。曲线在结婚时满意度最高，然后逐渐降低，所谓"七年之痒"后达到谷底，大约小孩初中毕业后上升，年老时期又达到另一个顶峰。

研究这个曲线，新婚一二年内因彼此荷尔蒙分泌量最多且没有小孩牵挂及家务繁重，所以感觉最甜蜜、幸福；年老时，儿女已独立，双方的欲望少，家务不多，此时满意度、幸福感达到另一顶点；"七年之痒"及之后，荷尔蒙逐渐减少到低谷，各种欲望却增多，比如小孩的抚养和教育的需要、

买房买车的欲望或压力、事业成功的欲望、婚外情的诱惑，此时期婚姻满意度、幸福感最低。

《新民晚报》报道，有关机构调查10万人，制作发布《中产家庭幸福白皮书》。根据调查结果，排在前四位的江苏、四川、福建、重庆四地幸福指数最高，有近半数的被调查者对家庭生活现状表示满意。而北京、上海、深圳、浙江幸福指数最低。深圳、广州的中产家庭幸福指数之所以远低于二三线城市，主要是因为深圳、广州中产家庭经济压力较大，尤其是高昂沉重的房价负担，加上工作竞争激烈、交通拥挤、子女教育成本高……

健康、情商、财商、家庭责任以及社会环境被绝大多数调查者认为是影响家庭幸福最重要的因素。调查报告显示，除了工作压力、身体健康以及经济因素外，与家人之间的沟通也是影响家庭幸福的重要因素。

中国中产家庭、尤其是一线城市的市民在住房改善、子女教育、财富管理等方面仍然存在着诸多困惑和不足，在看似幸福的背后，其实亦蕴藏着"幸福危机"。

倘若一个男人抓住身边这女人的手便已满足，他便不会去拈花惹草，也不会有嫌弃她的思想；倘若一个女人靠着身边这个男人的肩膀就觉得靠着一座雄伟的山峰，那必然是"一览众山小"，不可能还想红杏出墙，只会对山峰越抱越紧。

爱情婚姻也要讲道德

太多的婚恋书籍或婚恋专家的文章都有类似这样的建议或观点:"婚姻是讲情的地方,不是讲理的地方","爱情讲情不讲理","家不是讲理的地方"。看了这些,我就忍不住要写篇文章反驳:爱情、婚姻也要讲理。

道德是社会的产物,道德的使命就是要调整个人与他人、个人与集体利益的关系。道德是最广泛的行为准则,不仅只在公共场所才适用,私人场合也适用,相爱双方也适用。无论中外,伦理和道德这两个概念都不做严格区分。爱情、婚姻要讲理,也就是要讲伦理、讲道德。

恋爱中很多人不讲道德,比如约会时经常迟到;有的干脆说临时有事,甚至在约会时间过了之后才通知对方。在这方面得分较差的是女生,即使有的女生还美其名曰:"考验男人"。可是男人不用出题,却也考察出这个女人不守诚信,不顾他人感受。虽然男人一直在约会地点不动、一直在忍,但心中早已给对方减分了。

上面情形还相对算好,有的女生使小性子,男人到了约会地点过了约会时间,打女生电话不接,或者干脆关机、玩失踪,男人很纳闷,上次约会双方有说有笑处得还可以，分开到现在也没有不愉快事情发生，前后怎就判若两人呢？

"女孩的心思男孩你别猜，猜来猜去也猜不明白"，这歌词写得好，从侧面支持了我上面的观点和事实。男人从常情和道德来猜和分析，当然分析不出正确结果，因为对方不讲理、不讲道德。从这里看，能这么做是因为女生处于优势地位，男人不敢提分手和再见。

在婚姻家庭中，夫妻双方也要讲道德。经常发生的剧情是：一方独守空房，另一方很晚才回或夜不归宿；一方做家务，忙得不可开交，另一方看电视看报纸坐享其成。这时不但要讲情，恐怕更要讲将心比心吧？看电视看报纸也要看看道德的脸色吧？

有一个男人，求爱时对女人许诺不要她做家务，在众多"候选人"中"报价"最低，结果如愿在众多"候选人"中胜出。婚后男人也确实这么做了，八九年如一日。可有一天男人病了，女人习惯饭来张口，也不给老公做一次饭吃。男人再也无法忍受，就提出了离婚。

上面老说女人如何如何"不道德"，不说男人的不是，女同胞们可不高兴了。其实我也不是重男轻女，而是按恋爱的时间顺序列举事例，一般是女人先"不道德"，男人一般"不道德"在"到手"之后，也就是和女人结婚之后。在婚姻家庭中，男人往往是家庭暴力的实施者。这些行为当然既不讲道德，也不讲法律了。男人在外拈花惹草，也是男人的主要罪过，在此也要大书特书一番。

按照我的爱情公式，品德在"其他"项里分值不是很多，可道德缺失每天重复，必然减少爱情总量。日积月累，爱情总分负增长数字不容忽视。

那些婚恋专家们说"婚姻爱情只讲情不讲理"。假如一方不讲理，另一方每每报之以情，"感情"的总量天天提取，其库存量必然减少，如达到临界点，婚姻就出现红灯了。

"相爱总是简单，相处太难"，这歌唱出了我这篇文章的重要性，说明我的观点是正确的。"相爱总是简单"，说明只讲情，"相处"是讲道德的，当然是"太难"了。

能装多少幸福取决于最长那块木板

按照木桶理论，一个木桶能装多少水，取决于最短的一块木板。而一个家庭能装多少幸福，却正好相反，是取决于最长的那块木板，也就是取决于家庭中爱情分数最高的成员，或者说经济收入或地位最高的成员。

任何一个家庭，都以最有出息的那个人为骄傲，都努力栽培最有培养前途的那个成员。生活中父母栽培子女，盼其成龙成凤；妻子支持丈夫，盼其"金榜题名"、仕途顺利、事业有成。

而最能给一个家庭打击的，也是期望值最大的这些家庭成员。比如子女不但不成龙成凤，反而不工作成啃老一族，有的还失足犯罪；比如丈夫不但事业无成，还不思进取、不工作，成天酗酒浑浑噩噩、甚至打骂妻子儿女。

2016年12月31日中央电视台经济与法栏目的节目内容为：被害人汪程系汪则天的儿子，染上网瘾，考上大学仅学一年就不上了，天天在天津混网吧，没钱就问父母要，四年后谎说毕业，也不找工作，回到乌鲁木齐还是天天上网。他短时内网吧上网就500多次，父母如果不给钱就打砸家具电器，并威胁要加害家人，有次还打了老奶奶。其父汪则天气愤不过就打死了儿子，后被判刑十年。

即使丈夫事业有成、学业有成，也需要他拉妻子一把，共同进步，缩短双方差距，使双方能有更多共同语言。用政府的号召就是"共同致富""先富带后富""先进带后进"。

现实中，引起婚变的，也多数责任在"最长那块木板"。如官员丈夫贪污受贿；商人丈夫养小蜜、搞婚外恋；貌美妻子嫌弃丈夫矮丑穷，寻找高富帅，搞网恋，红杏出墙；成功女人看不起丈夫事业不如自己，在家颐指气使，不做家务，还很少归家。

有的责任、修养或道德相对好点的"最长那块木板"，不存在以上现象，却也对爱人没有了感觉，想去婚姻市场实现更大交换价值，主动提出离婚。

幸福由双方创造。有些女人总爱问你能给我幸福吗？你值得我托付终身吗？这实在是在问一个不应当问的问题，也无需回答。虽然幸福能装多少取决于最长一块木板，但这只是幸福多少的问题，幸福的有无则取决于双方的努力。

"以长补短"，对于一个地区、一个单位、一个家庭都是一样的。"最长那块木板"占据主导地位，是矛盾的主要方面。夫妻携手人生，一方走得快了，总要回头等等，或者拉着他一起前进，必要时还得背着对方走一程。

试探爱情——一切都有可能

曹禺的名句"长相知，才能不相疑"，大家都明白其道理，但人都会变的。爱人也如此，特别是一方遇到各方面分数都很高甚至满意的异性，能不心动？能不移情别恋？对这些以前也从没有"相知"过，所以爱人之间相疑无法避免。

经常有夫妻吵架，起因就是因为男人晚上回家很晚或有时夜不归宿。女人就问：干什么去了？去哪里？男人就说不相信我就别和我结婚，和我结婚就要相信我。双方由此就发生战事，且战事升级。

女人不信任的产生，是有社会现实存在根据的。社会上的小三和婚外情，基本不宅在家的成年人都耳闻目睹过。社会风气不正，就连东莞"性都"之名都人尽皆知。当然去消费的都是男人，这些男人里指不定就有自己的老公呢。

以上这些怀疑最多只算是小心眼，并无关是非。以下这些试探就有些过了。

东方头条新闻：郑某是生意人，属于"爱情信号强"的那类人。其妻子黎某生性敏感，老是怀疑自己的丈夫在外拈花惹草，但一直没有证据。为试探丈夫的忠心，黎某在闺蜜的怂恿下申请了一个微信小号化名"真真"，加郑某为好友，开始了"勾引"丈夫的计划。未曾想，一个多月的贴心聊天，竟让丈夫郑某对"真真"暗生情愫。一面是温柔体贴的红颜知己，一面是每天猜疑拷问让自己苦不堪言的新婚妻子，郑某毫不犹豫地萌生了离婚的念头，但明面上缺少一个正当的离婚理由。

正当郑某为此事犯难时，看着自己与"真真"的聊天记录，郑某突然心生一计，为什么不干脆找个兄弟帮忙勾引自己的妻子出轨、再截下聊天记录呢？这样，自己就有足够的底气提出离婚。

随后的事情发展如郑某所料，自己的故意冷落和兄弟似火的热情让黎某很快就沦陷了。看着时机到了，郑某便带着妻子与兄弟的聊天记录向黎某发难，扬言一定要离婚。谁知，妻子黎某竟在此时拿出了郑某与"真真"的聊天记录，更趁机道出自己便是"真真"的事实。深受刺激的郑某恼羞成怒，对黎某拳脚相加致其重伤。随后，黎某的家人报警，郑某出逃躲避公安机关的侦查，最终在11月10日被抓捕归案。

为何说上面的试探有些过呢？人都有私心杂念，守法意识和道德水平不是人人都过得硬，难免动心。

特别是按照我的爱情公式，每个人都有找个爱情分值更高的异性的欲望。如果遇到各方面得分都很高的异性，难免有不心动的，如果这个异性又主动向自己示好，能够始终不为所动的不多。

爱情不是纯净物，经不起试探和引诱。如果一方心智坚定，对盟誓坚守不移，又何需试探？两种结果，无论哪种都让试探显得没必要。

婚姻如棋局，开始几步往往没有错

在此先引用村上春树的一首诗："如若相爱，便携手到老；如若错过，便护他安好。"如若相爱，便携手到老，如若下棋，便把棋下好。

婚姻后期，很多人都后悔嫁错郎、或娶错女，其实除极少数外，大部分开始并没有错，错的是后面的棋没有下好。象棋开始第一步时，除老帅和老将外，无论动车马炮兵、还是士象，都是没错的、有利的，即便象棋大师也是这么下，前几步就算棋艺差的人也学象棋大师的样子，下得无可指责。

江苏泰兴市人民法院的一份判决书在网上走红，该份判词是这样的：原、被告从同学至夫妻，是一段美的历程：众里寻他千百度，蓦然回首，那人却在灯火阑珊处。令人欣赏和感动。若没有各自性格的差异，怎能擦出如此美妙的火花？然而生活平淡，相辅相成，享受婚姻的快乐与承受生活的苦痛是人人必修的功课。人生如梦！当婚姻出现裂痕、陷于危机的时刻，男女双方均应该努力挽救，而不是轻言放弃。本院极不情愿目睹劳燕分飞之哀景，遂给出一段时间，以冀望恶化的夫妻关系随时间流逝得以缓和。双方静下心来，考虑对方的付出与艰辛、互相理解与支持，用积极的态度交流和沟通、用智慧和真爱去化解矛盾、用理智和情感去解决问题，不能以自我为中心，更不能轻言放弃婚姻和家庭。珍惜身边人，彼此尊重与信任，重归于好。

这份判决书说明一个道理，开始的感情并没有错，刚开始的棋布局也正确，错在双方后面没有认真对待，即使形势稍差，也不能随意抹掉而下另一盘棋，仍然需要双方争取扭转局面。

2013年到今年10月，上面判决的法官王云共审结各类案件1896件，调撤率88%，服判息诉率98%。这也说明为离婚闹上法庭的，绝大部分都不是原则问题，都为小事闹离婚，做做思想工作，双方仍可重归于好。

金星在电视节目《金星秀》中说到有各种奇葩的结婚离婚，如为了父母健康、为了学英语、为了不洗脚、为了同玩一款游戏等。大家司空见惯的是：为分房结婚、为分地结婚、为迁户口结婚，为买房离婚、为拆迁离婚、为生二胎离婚（少交罚款）、为移民离婚，最快的一对离婚是25分钟，以上绝大部分为了物质利益，只有极个别为了兴趣爱好。

以前离婚的男人或女人在婚姻市场上贬值，现在的二手房比一手房价钱高。二手房买卖还要交税，而再婚不需要多交费用。看来有必要像控制房地产市场一样控制婚姻市场，结婚二年内离婚的要交税，第三次离婚的要交税。

现在很多人结婚，没有像以前办婚礼那样广而告之，就是离了，在婚姻市场仍贴未婚的标签，别人也无从查知。民政局婚姻登记还没实现全国联网，经常有人找律师要求调查对方是否离异，我们都没法办理这种业务。律师去广东查了没有登记，不等于广西没登记。以前离婚还要工作单位、居委、村委调解，现在也不用了，所以去相关单位也查不到离婚信息。

在离婚诉讼中，律师代理离婚一方也主要是为其争取得到更多的财产或者说争取给对方更少赔偿。双方离婚时问得最多的是：先提出离婚是否在分财产上不利，如何调查对方账户中的存款额，放在是否结束感情上的注意力很少。

老一辈人把婚姻当成一个特别严肃的事，结婚仪式虽然简陋，但庄重。虽然结婚的时候没有多少感情基础，双方可以先结婚后恋爱，一旦结婚就把对方当成过一辈子的人，不会轻易离婚。现代的年轻人对婚姻不严肃，结婚酒席越摆越大，酒店档次越来越高，但庄重却并没有成正比，遇到小问题也是想着大不了分手，反正还能找别人。

《人民政协网》新闻文章：2017年春节后，一对夫妻来到民政局要求离婚。丈夫和妻子的脸上，都被对方挠伤了，很显然，两人刚刚打过架。事发当日，这对男女情绪激动，坚持分手。最终，两个人成功办理了离婚手续。可是，没过几天，两个人又来到婚姻登记处，要求复婚。在此过程中，两个人都说，当时实在是太冲动了，觉得不离婚不解气，后来想想，感情还在，就这么离了，实在不应该。

现在的很多年轻人，心里只有自己，为他人付出的意识很少。在婚姻上，表现出过于随意，不想为感情付出，考虑更多的是，自己怎么过才能舒服。因此，夫妻双方，要学会多为对方考虑，不要以自我为中心，凡事要多看对方的优点，不要抓住另一半的缺点不放，要学会多忍一忍，可能第二天，矛盾就化解了

前辈们对待出现问题的爱情，就像对待已经坏了的家用电器，夫妻双方和亲友、单位、社会组织想着的是怎么把它

修好。而现在的年轻人首先想到的就是换新的，年轻人没有吃过苦，不知艰苦朴素。

婚姻和爱情不是低值易耗品，不能旧了就扔，不如意就换。就算是低值易耗品，也不要想扔就扔，还得为环卫工人想想，还得为环境保护想想。垃圾场也堆放不了那么多垃圾对吧？

故事双方都有著作权

每一对情侣都有一个爱情故事，都有一本书，男女主人公就是他和她，故事情节也是由双方来构思、写作，双方都是作者。

故事的开头，一般是由男人来构思、执笔，女人往往只是铺纸磨墨，间或配合说几句台词，有时也走些台步。此时写作的场地一般是在公共场所，在阳光充足的公园或大街。双方作品形式多以音乐、戏剧、曲艺、舞蹈形式表现，双方喜欢写恋爱信的，也有文字作品。

爱情小说几章过后，双方已有默契，女人不满足于只充当配角，也参加构思、执笔了，此时她才真正成为主角。此时写作的场地一般较为僻静，即便在公园或大街，也多在其中偏僻的角落。此时双方对话频率最高的是"我爱你""喜欢你""么么哒"。双方也不只限于用手写作，还用嘴写作，用身体的各个部位写作。双方作品形式多以杂技艺术、美术、建筑形式表现，双方常常在公园大街的各个角落，构成两尊或一尊雕塑，或站或坐或相拥或躺，成为公园或大街的一道风景。

小说到了高潮时期，以前的写作场地已不能安心地写出更好的故事情节了，公园的偏僻角落还不够私密和僻静，双方都有意识地移到室内。此时双方基本不再用脑构思，双方都是才思泉涌，随意挥洒，自成文章，用来记录的也不限于纸张笔墨，有时就是双方的衣服、身体。此时双方的作品表现形式，除上面出现过的表现形式外，最多出现的是电影作品，偶尔有摄影作品。

高潮过后也不是结尾。双方走入婚姻的城堡，情节归于平稳。此时双方觉得小说只有两个男女主人公未免单调乏味，因此便创造了两个主角"儿女"，加上先前的配角"父母"，故事情节变得复杂起来。

因为男人和女人思维方式不一，各有各的构思，都想抢着执笔，矛盾就多了，反映在作品上，会让观众或读者感觉前后矛盾或不协调，原因是他们各想一段各写一段。

男人和女人都感觉到不一样的构思写出来的作品不完美，有些太平淡没起伏，甚至有些厌烦，有时就想到外面另外构思单独写一篇。男人到外面找其他女人做女主角，女人到外面找其他男人做男主角。读者读到这里就有点兴奋,毕竟婚外恋或出轨是很八卦的,能吸引眼球。

……

有的结局比较完美,双方携手到老。此时其共同写下的爱情小说,他们会经常口述给他人听,儿孙是听的最多的,有的还提供摄影作品和电影给人观赏。

有的结局不完美,双方分道扬镳。有时有一方心有不甘或者想谋点利益作为补偿,就会发表以前双方的作品,比如书信,比如照片,比如录音、录像、视频。有些作品对另一方很不利,比如裸体照片。

作为律师我有义务普及下法律,未征求对方同意就发表是违法的。根据《著作权法》等相关规定,合作作品为双方共有,一方未经另一方同意,不得发表、展览、广播。

很多人没有机会以自己为主人公写一部爱情小说。能以自己为主人公写小说的,实在是三生有幸,最好用心构思,别留遗憾。

七年之痒与八年共有

上网百度下"七年之痒":"七年之痒"是一种婚姻现象,意思是经热恋而结婚,婚姻进入第七个年头时,随着夫妻双方的熟悉，浪漫与潇洒随着生活的压力而荡然无存，婚姻进入第一个危险期。

七年之痒在每年的表现是什么呢？一年新鲜，二年熟悉，三年乏味，四年思考，五年计划，六年蠢动，七年行动。"七年行动"意味着婚恋的第7年会出现严重问题，譬如会出现第三者、出轨、分居或离婚等一些重大事件。诉诸法院要离婚的，一般是第八年，第七年只是双方闹离婚，还不是铁了心。

本来"七年之痒"及每年的表现只是民间说法，没有官方认可，也没有权威人士认同，但最高人民法院的司法解释，却和七年之痒保持惊人的协调。

1993年发布的《最高人民法院关于人民法院审理离婚案件处理财产分割问题的若干具体意见》，有相关规定："一方婚前个人所有的财产，婚后由双方共同使用、经营、管理的，房屋和其他价值较大的生产资料经过8年，贵重的生活资料经过4年，可视为夫妻共同财产。"

个人婚前所有房屋和其他价值较大的生产资料，经过8年视为夫妻共同财产。这个规定的制定，应该说最高人民法院做了很多研究，统计了很多离婚案例，认为七年是个坎，七年内离婚率比较高，所以能过七年这道关，财产就视同共有了。

我对此规定印象极为深刻。2008年我在某律师所执业时，来了一个妇女咨询婚姻法律。她和老公结婚十多年，老公要求离婚，她询问老公婚前房产她能否分一半。我依法说以前可以，现在规定作废了。她对我的回答很不满意，当然我也没机会接下她这单业务。过几天她又去问某资深律师，某资深律师依以前的法律规定，告诉她经过八年财产视为共有，这女人很高兴，要求聘请该律师代理。该律师后来还批评了我，说我咨询错了。

当然了，没有熬过"七年之痒"的夫妻，也不是毫无所得。对此法院也有人性化的规定："贵重的生活资料经过4年，可视为夫妻共同财产"。如果连"四年思考"这道关都过不了，工龄太短，说明双方的感情也确实太少，那也别指望分对方的婚前财产一杯羹。

以上规定，适应于改革初期，那时妇女就业机会少，一般多为家庭妇女，要求离婚的多为"陈世美"式的男人。如果不做这样规定，女方离婚后很凄惨，会经常大闹法庭、寻死觅活。现在妇女就业的机会很多，基本都能自食其力，所以上述规定就被修改或与新规定矛盾而失效。

不过，上述"意见"中有关经济帮助的规定现在仍然有效，这体现"夫妻不成情义在"的精神和价值观，也为法院判决离婚减少阻力。《婚姻法》第四十二条："离婚时，如一方生活困难，另一方应从其住房等个人财产中给予适当帮助。"

上述意见中对于彩礼也有规定："借婚姻关系索取的财物，离婚时，如结婚时间不长，或者因索要财物造成对方生活困难的，可酌情返还。"人民法院根据双方共同生活的时间、彩礼数额并结合当地农村的风俗习惯等因素，确定是否返还及返还数额。实践中，婚姻经过四年的一般不退彩礼，生了小孩的一般不退。

"贵重的生活资料经过4年，可视为夫妻共同财产"。贵重生活资料变卖得不多，根据此规定女方获益不大。所以，在彩礼的返还上，法院判决经过四年彩礼不退，也可视为另外一种补偿。而按照风俗习惯和婚姻市场行情，女方生了小孩后，再进入婚姻市场就会贬值，所以彩礼一般也不退，对此双方基本都能接受。

结婚八年一方婚前固定财产视同共有这规定让我联想起劳动法上的规定。劳动者被企业辞退，按工作年限每年给一个月工资的经济补偿。婚姻也是区分婚龄给予弱势一方一定补偿或待遇。

第七章

屌丝男和灰姑娘
如何回家

六十分的爱情，百年的婚姻

前面说了很多彩礼、说了很多爱情分值、还有房子准入证这些，这对屌丝男和灰姑娘的婚恋很是不利。他们在婚姻市场上总在偏僻角落摆放，少人问津。我总觉对他们有所亏欠，因此专门用一章来关注下他们的爱情，摆摆他们的好和优点，希望屌丝男和灰姑娘都能找到回家的路。

屌丝男和灰姑娘，按我的爱情公式，分数都在六十分上下徘徊，有极少部分分数还很低，在婚姻市场上是最不受重视的一群人。

但往往这样一群人却能创造奇迹，能让人在物欲横流的世界看到一丝丝光亮，让蒙尘多年的心灵深处露出一点红色。

近日《搜狐新闻》一则标题为《女子自制板车拉着"渐冻人"丈夫乞讨 不离不弃》的新闻感动了无数人。在合肥元一时代广场附近，经常会看到一个两鬓斑白的女子，拉着一辆自制的板车，上面躺着的是她瘫痪的丈夫。十年前，刘从花的丈夫罹患运动神经元疾病，成为"渐冻人"，浑身肌肉萎缩退化，瘫痪在床。为维持丈夫的生命，刘从花自制板车，拉着丈夫在合肥街头乞讨寻医，不离不弃。

每天早上，刘从花都把郭加银抱起来放到车上，每次都要使出浑身力气，整理完已经是汗流浃背。然后她将板车上两根绳子绕过肩膀，在自己胳膊上紧紧绕上三四圈，拉着丈夫和板车沿街乞讨。遇到上坡时，人车一起一百多斤的重量让刘从花身子弯成了60度，一步一步缓慢地拉着，但是刘从花从没抱怨过、放弃过。

我前面的文章提到过："仗义每从屠狗辈，负心多为有钱人"。当爱人遭遇贫穷、疾病或逆境之时，能牢记爱情誓言、不离不弃的多为普通屌丝男和灰姑娘。很多高富帅、白富美们，养尊处优，住则豪宅宾馆，每天讲究妆扮，如何陪爱人风餐露宿？如何为爱人放低身段失却脸面？而且恋爱时就是因对方"帅""白""美"高分而录取，现在肌肉退化、两脚细小、更不复昔日风采，前后判若两人，相貌分数直降到零，难入其目。大部分结果恐怕大家想到的词汇就是"分道扬镳""大难临头各自飞"。

很多高富帅和白富美们的婚姻稳定度不高。他们彼此一直都被异性包围、娇宠、追捧，他们能轻易获得不差于自己配偶的高富帅或白富美。而婚姻需要双方经营、努力、妥协，他们没有动力和压力这样做，他们缺少这些。上面文章说过，影视娱乐圈分手离婚爆料不断，这是原因之一。

电视台或其他媒体报道的有关新闻，可以看到，配偶受伤害失去劳动能力、或瘫痪、或成植物人、或毁容，另一方不离不弃的一般都是普通人身份，如农民工、护士、农民、工人、小学教师、小商贩，与高富帅或白富美沾边的很少。

我在前文说过"愿为她付出全部时间全部生命的，也多是穷男人"。穷男人肯为她付出全部时间和全部生命，她也会为他做同样付出，虽然两鬓斑白，虽然每天负重而行，虽然不知路在何方，但此生无悔！

但愿屌丝男和灰姑娘都能找到回家的路，也不需要疾病、逆境为你们的爱情忠贞背书，大家愿意相信，你们的婚姻百年好合，幸福多些再多些。

在婚姻市场上问询者无几，能遇到一个真心的人不容易，但只要有一个知音便已足够，便再也不会放弃。虽不知前路如何，且行且珍惜！

买不起钻戒，送得起永久

"钻石恒久远，一颗永流传"，这广告害苦了多少男人！因为这广告，很多买不起钻戒的男人倍感囊中羞涩，在婚恋市场上很是自卑，情人节过得很是郁闷，经常看钻石男或高富帅们带着无数的鲜花和钻戒表演马路求爱，而自个只能演路人甲和充当免费群众演员。这广告又勾引起多少女人的物质欲望？让多少人起了攀比、虚荣之心？应当改为"钻石恒久远，一颗不流传"。

钻石恒久，爱情未必恒久，而且重物质轻感情的爱情，或者重相貌轻感情的爱情，必然是"以物事人，物衰则爱驰"，或者"以色事人，色衰则爱驰"。

对于屌丝男，我要说一句：买不起钻戒，送得起永久！

别人送的是钻戒，而你送的是感情，送的是永久的感情。而钻戒变卖就不值钱，一个女人是持有一个冷冰冰的钻石好呢，还是每天牵手、拥抱一个有血有肉的男人好呢？一个女人是天天戴着钻戒让小偷劫匪惦记好呢，还是天天戴着一个男人的心让爱人惦记好呢？无疑，理性的答案就是后者。

一个男人要买钻戒送爱人，就必然花更多时间工作赚钱，"重利轻别离"，陪妻子的时间就少了。屌丝男不买钻戒送爱人，经济压力不大，相对地能有更多的时间陪伴家人，家庭必然温馨。

依据《中产家庭幸福白皮书》，与家人之间的沟通也是影响家庭幸福的重要因素。因此，从这角度看，屌丝男能送出更多的幸福。

2017年初，中央电视台《面对面》栏目播出了一对九旬夫妻的感人故事。九旬的夫妻双双都出了意外而被送到同一家医院住院。丈夫冯明已经到了人生的尽头了，他和他的家人也最后选择了放弃医院的治疗，宁愿回家也不愿意躺在医院冷冰冰的床上；可是同样患病住院的妻子张萍因为股骨骨折以后都不能走路了。老人彼此想要见到对方。冯明非常想见到妻子一面，可对于一个住在3楼而另一个住在14楼的老人来说，无疑是咫尺天涯。但是这也是最后的一面了。为了能满足老人家的愿望，医院下了一个重要的决定，让老人家都能见到对方。最终两位老人见面了，在病房牵手。这样的动人的画面真的是让人为之感动，二人真正做到了"执子之手，与子偕老"。

冯明很有爱心，平日里做人也非常低调。退休前，他是当地民政局的干部，张萍则是一名小学老师。夫妻俩都是节俭的人，家里的东西不到用不了绝对不会扔掉，但他们会把存下来的钱留给需要帮助的人。

现我做一首《佝偻了身体，佝偻不了爱情》的诗送予屌丝男和灰姑娘，愿他们能相爱百年，最终能如两位老人一样握住对方枯手的余温！

佝偻了身体，佝偻不了爱情

握不住钻石的冰冷，

握得住你枯手的余温；

钻石璀璨夺目，

遮不了混浊眼光中的青春；

知道钻石细腻光滑，

还是喜欢你满身的皱纹。

昏花了眼睛，

可视线从未歪斜不正！

佝偻不了爱情，

即使佝偻了腰身；

互相摸索彼此的脸庞，

回忆往事不枉此生！

我的姑娘，想睡就睡吧，

如同往日那样撒娇放任。

地贫石斛俏，情多物欲少

石斛的守望

地贫石斛俏，

情多物欲少；

悬崖话风雨，

愿与山俱老！

当我要写这篇时，就不自觉想到石斛，石斛守望的爱情和屌丝男与灰姑娘的爱情何其相似，因此这首诗就取名《石斛的守望》。石斛是药食两用多年生植物，唐代开元年间的《道藏》把："石斛、雪莲、人参、首乌、茯苓、苁蓉、灵芝、珍珠、冬虫夏草"这九种中药并称为"九大仙草"。石斛在高山悬崖绝壁之上生长，人迹罕至。越是贫瘠的土地，出产的石斛品质越好，越是走俏，而在人工大棚里种植的石斛，品质差得多，价格还不到石壁上生长的十分之一。

在国外，石斛被认为"秉性刚强，忠厚可亲"这和屌丝男品性相近。屌丝男的生长环境不顺畅经历过风雨，比较朴实、厚道、忠诚，极少花边新闻。

这首诗很多人读过，但都仅读得出与爱情有关，实则不然。前几年石斛受到追捧，顶级野生石斛干品贵比黄金，野生石斛资源受到滥采乱挖，濒临灭绝。"石斛的守望"，守望的不仅是爱情、友情、亲情，更是通过石斛之口，劝诫人们守望家园、守望生态、守望环境，不要破坏环境，少些物欲，多些情感，不要逼迫"石斛"离开生养它的故土，让美好家乡能与山俱老。

华中师范大学中国农村研究院发布了我国第一个"农民幸福指数"。经测算，作为我国人口基数最大的农民，幸福指数为0.5578(1为满值)，属于中等水平。

有意思的是，务农农民的幸福指数最高，做生意农民的幸福指数居中。还有，作为传统观念里最影响幸福感的因素——收入状况，在此次调查中排位相对靠后。

农民没有商品房，农村的瓦房值不了几万元，也就是别人车库价值的零头，平均收入也比普通工人的收入低，按照我的爱情公式，其"物质"科目分数极低。而统计结果却是他们的幸福指数比较高，意味着婚姻爱情满意度比较高。唯一可能的就是情多，就是"感情"科目得分极高，只有这样，爱情分值总分才比较高。

根据《中产家庭幸福白皮书》，健康、情商、财商、家庭责任以及社会环境被绝大多数调查者认为是影响家庭幸福最重要的因素。调查报告显示，除了工作压力、身体健康以及经济因素外，与家人之间的沟通也是影响家庭幸福的重要因素。

研究这白皮书，屌丝男和灰姑娘在财商、经济因素上失分，但完全可在健康、情商、家庭责任以及社会环境、与家人的沟通这些方面得分。因此，他们组成的家庭幸福感并不会比高富帅们低。尤其在家庭责任上面，高富帅们容易艳遇多、婚外情多，分数比屌丝男们有天地之别。

屌丝男和灰姑娘在相貌和物质科目上分数不高，却常常在"其他"科目有很高分数，比如他们总体比高富帅和白富美们更真诚、善良、正直，更呵护宠爱对方。

美国经济学家萨缪尔森幸福方程式反映，欲望越多，幸福感越低。哪么我的"情多物欲少"有何依据呢？或者说情和物欲成反比有理由吗？有的，一个人的精力有限、注意力有限、承载力有限、时间有限，在感情上关注多，在物欲上关注就少；在感情上承载多，在物欲上承载就少，就如同电脑存储空间，工作资料文件存储多了，大型游戏和电影视频存储就少了；业余时间陪家人的时间多了，玩游戏看电影时间就少；挣钱的时间多了，陪爱人的时间就少了；注意力在经商上多了，放在经营感情上的精力就少了。有句话不是叫做"商人重利轻别离"吗？

上文提到的冯明和张萍，一生节俭，堪称"情多物欲少"的典型。

白雪公主易消融，灰姑娘难变色

听过童话的男人们，从小头脑中都或清楚或模糊地有个白雪公主，而自己是与她牵手的那个男人。白富美们，如同童话故事中的白雪公主，男人们多多少少有所幻想。

但白雪公主适合在童话中生存，一来到人间，就很易消融或变色了。

经常看新闻的朋友都知道北方雾霾近几年比较严重，对环境影响很大。雾霾影响对白富美的"白""美"更是如此。生活在北方，出门都戴个口罩，脸全部遮住了，其美看不到，其"外观设计"不起作用，空中灰蒙蒙的，大家都一身灰。这对灰姑娘影响不大，本就灰色的，没有多大贬值。

假如白富美恋爱时其相貌能得一百分而灰姑娘只能得六十分，那么婚后十年，白富美的相貌分数会有很大降幅或贬值，可能会降到到七十分，降幅百分之三十；而灰姑娘也就降三五分，降幅仅为百分之六左右。从保值角度考虑，还是不如持有灰姑娘划得来。

虽然白富美"性能好"、价值高，但白富美的爱情或婚姻其交换代价远比灰姑娘高得多，而男人获得的感情分值却区别不大，前者的性价比远小于后者。从性价比来考虑，男人不如选择灰姑娘。

第八章

春天许诺，
等待冬天结果

你若肥胖，他必在远方

你若肥胖，

他必在远方；

吾貌瘦单，

求你一生幸福安康。

春天许诺，

冬天会有百花灿烂；

红颜黑夜纠缠，

勾画白头搀扶相看。

"衣带渐宽终不悔，为伊消得人憔悴"。肥胖是"衣带渐宽"的反面，那无疑没有"为伊消得人憔悴"，你关注对方不够，比往日有所疏远，他当然可能在远方了。

从有形的距离来看，腰围直径大一倍的人，心与对方的距离必然是大一倍，而无形的距离难以计数。

很多女人感叹男人没有像之前的感情那么浓厚了，却不问自己是不是和之前那样让男人魂不守舍。婚后有的女人不注意仪表，放任自流、贪吃好睡，麻将桌边一坐就半天一天，运动量少、身体臃肿，灵秀难寻。女人不再"香"也不再是"玉"，为何要男人对你怜香惜玉？

"士为知己者死，女为悦己者容"。男人"窈窕"的需求女人不理解、不重视、不满足，男人当然不再为她"死"；男人肥胖不再"悦己"，女人也不再为其"容"。如此恶性循环，双方感觉越来越差，疏远是必然结果。

肥胖是没有意志的表现和结果，有的人自我开脱，说"喝水都长胖"。那为何那些影视歌明星模特生小孩后都能迅速恢复身材，她们为何没有"喝水都长胖"？别人疏远你，不仅因为肥胖，还因为你吃喝无度，还因为你没有生活规律，还因为你意志不强。

我就认识一个女孩，其腰身好像比我们两个大男人加起来还粗。某次出来宵夜，饭店吃到十二点，出来走不到百米，又要求到一小吃摊点吃炒粉，既浪费男孩子买单的钱，也要众人等待，让人不喜。人们不喜欢肥胖，不仅仅只是不喜欢其外形不养眼，更是对其意志不坚、陋习的负面评价。

以前他（她）初见的你，是身材有型的，是饮食和生活有规律的，现在你变了，那么他（她）的观感必然会改变，爱情的数值必然会改变。物质决定意识嘛，不要怪别人没婚前那么热烈，别怪对方眼神没那么含情脉脉！

脸蛋长得如何，是父母所赐，我们无法更改。身体发肤受之父母，也不应、不须更改，群众也不会给其打低分。

但肥胖绝对是自己造成的，随着肥胖而来的糖尿病、高血压等病症也是自己造成的。某地公安局，就有规定腰围大于多少厘米的警察要待岗，很多地方警察局是对于超过多少厘米腰围的不予提拔。这其实是一个比较科学的、比较讲党性的规定。如果这些警察全心做公仆，时刻想着群众疾苦，则"吾貌必瘦"，不可能肥胖，这些警察肥胖了，也失去活力，失去或减少服务人民的技能。爱人肥胖了，也可以相较考核警察的思路，他（她）作为爱人为家庭奉献变多了还是变少了？他（她）为家庭服务或者说爱对方的能力是少了还是多了？

你如果脂肪增多了，他想抱也抱不动；你腰围增大了，他手不够长，无法拥你入怀。双方的距离必然疏远，他也会跑到远方。

美丽苗条的女孩，变得体态臃肿、不修边幅；腹有数块肌肉帅气的男孩，却有了啤酒肚，抖抖手跺跺脚，肥肉晃几晃，路走快点都喘气。这和"初见"的形象大相径庭，彼此接近、亲热的欲望就会大大减少。

有的夫妻，早已是审美疲劳，如果其中一方肥胖如游泳圈，就更加难受了，干脆分床睡了，眼不见为净。

一方肥胖后，用手一抓一大把赘肉，自己都不敢、不愿正视，"己之不欲，勿加于人"，又怎能强求配偶对自己"读你千遍也不厌倦"？

有的人说，那白发和皱纹不也不符合"初见"的形象？白发和皱纹是自然规律，是可预见到的将来，但肥胖不是必然会发生的，二者待遇是不同的。

"窈窕淑女，君子好逑"，古人早已有定论。女人们明知男人喜欢的是窈窕淑女，可你为什么偏偏要变成其对立呢？说不好听点是不是故意给自己男人心里添堵？男人喜欢的是"淑女"，可你为何偏要扮演"母夜叉"？

肥胖的人消耗较多的食物，缩短生命进程的同时还减少了婚姻使用年限，也和观众的审美视野相悖，其配偶有时就会"跟着感觉走"，对其给予疏远，乃至"在远方"，这也是会发生的。

春天许诺，冬天会有百花灿烂

每个男人追女孩时都会有类似许诺，到老时会怎样，携手看夕阳的美好画面会常在女孩眼中浮现。女人年轻时就是春天，年老就是冬天。因此本篇文章就用上面这标题。

人民网新闻报道，在泉州的一座孤岛上，生活着一对年过六旬的夫妇。百姓口中流传着关于这对夫妇动人的爱情故事。年轻时，妻子患上"怪病"，不敢出门见人，害怕听到声响。丈夫为挽救妻子性命，撑着渡船，携着妻子，到荒岛上生活。

两人这么一住，漫漫 38 年一晃而过。

"白天背着我去海边晒太阳，夜晚带着我躺在沙滩上数星星。"老蔡的妻子谢姨告诉记者，她当时病得很重，都不能走路了，是老蔡对她无微不至的关心才使得她的身体好转。

在荒岛上居住了一段时间后，不知是因为海岛上的环境清静，还是老蔡的执著感动了上天，他妻子的病竟然奇迹般地痊愈了。

很多人对山盟海誓不认真执行或执行不到位，但也有更多的人一生牢记对爱人的许诺，即便两人流落到荒岛，蛇虫环绕、无处栖身，那又何惧？

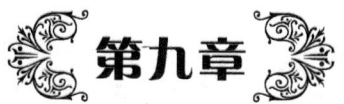

爱情不是墨粉

爱情不是墨粉

　　他和她，距离产生美，
　　彼此图像多彩、清晰、烙印。
　　我和你，距离产生视线模糊，
　　彼此影像淡薄、消逝、远离。
　　再添加点墨粉吧，
　　身体复印欢声笑语。
　　再添加点爱情吧，
　　白天黑夜复印蓝天白云。
　　可是爱情不是墨粉啊，
　　还能复制多少太阳和星星？

　　先用一首诗《爱情不是墨粉》亮相，诸位如果对这首诗有的地方不能明白，不用着急，慢慢看完下面文章就清楚。

　　两个陌生的男女，因为距离产生美，互相皆想探索，从而互相幻想、憧憬，互相能动地补充残缺，互相美化对方，夸大对方的好，忽视其缺点，对方的借口或不合常理的行为都主动为其找到合理解释，互相自动描画最美瞬间风景，图像由模糊而清晰，继而相爱结婚。

两个熟悉的男女，相亲相爱，距离不再是产生美，而是视线模糊，信息越来越少，双方影像和开始时正好相反，由清晰而模糊，由深至浅，温度由热到冷。

"人有悲欢离合，月有阴晴圆缺，此事古难全。"两地分居，双方都备受煎熬，相思之苦，又岂是几颗红豆和几片红叶可以解消？

当你工作遇到压力，想找人诉说，但他（她）不在身边；当你心情烦闷，想找人排解，他（她）不在身边；看到别人双双对对逛商场、游公园，你就控制不住泛滥惆怅、失落、寂寞的情绪；当你生病，没人护理你，没人为你端茶倒水、没人为你洗衣做饭，有的只是几个电话，或长或短、或安慰或自责。但这些都不是你想要的。此时你就用消耗咀嚼贮存的爱情存量来抵消思念之苦，来度过长夜无眠。

有时你会把这种痛、这种苦向对方宣泄，向对方表达不满，可对方也面临创业的艰难、工作的压力，也面临诱惑和纠结，同样有这种痛、这种苦，可能无法接受你的宣泄，快乐会传染，痛苦也会传染，双方痛苦叠加，更放大了这种负面情绪。

此时，爱情的存量又有巨大的消耗。如果双方长期分居两地，爱情存量必然如炽热的钢铁一样随着时间的消逝而逐渐冷却。就算你们热恋炽热如喷发的火山，热量也是迅速冷却，火山灰越积越多，一如心灵之阴霾无法吹拂。

在这里引述下江美琪唱的一首歌《亲爱的，你怎么不在我身边》："在讨价还价的商店 // 在凌晨喧闹的三四点 // 可是亲爱的你怎么不在我身边 // 我们有多少时间能浪费 // 电话再甜美 // 传真再安慰 // 也不足以应付不能拥抱你的遥远 // 我的亲爱的你怎么不在我身边 // 一个人过一天像过一年。"

这首歌与我的诗，都写了爱人异地相思之苦："一个人过一天像过一年"。

有的男女，虽然不是异地分居，却也进入冷战，一天难得说一句话，或者回家倒头便睡，或者经常夜不归宿，身体近在咫尺，心却远隔天涯。泰戈尔说："世界上最遥远的距离，是面对相爱的人，用冷漠的心，掘了一条无法跨越的沟渠。"

欢声笑语就算能复制，美好回忆就算能复印，那也得不断加入爱情做墨粉，但爱情添加一点就少一点，爱情当墨粉让人心痛。

一份婚姻、一份爱情需要不断地添柴加火，需要增加感情储量，而不应该一次次一天天一年年地支取。

当爱情储量降到接近警戒线而又有外界诱惑时，红杏出墙、感情出轨就不可避免。

在此再次显摆下我的法律知识，说说"破坏军婚罪"。

很多女孩偏爱军人威武、健壮、有男子气概，而且军官福利待遇、政治地位也不错。但结婚后，夫妻长期分居，精神和肉体皆会影像淡化、模糊，而精神和肉体的空间却皆有被他人占有的需要，加上社会上各种诱惑，有时也会出现出轨。因此，国家特别制定此罪名，保护军人的婚姻。虽然军人的配偶与人同居，但军人的配偶不构成破坏军婚罪，只惩罚勾搭军人配偶者。国家对军人配偶出轨的处置说明社会上没有否认独守空房的痛苦。

另外说一个相关的"通奸罪"。中国古代历来就规定有通奸罪，而且对通奸罪的惩戒很多地方、很多时候比杀人罪惩罚还重，如施行"浸猪笼"、宫刑，官府允许民间对通奸男女私自处死等。由此可见，精神和肉体出轨难禁，如果夫妻长期分居，必定增加禁止的难度。

新中国成立后，有人认为通奸只是道德问题，不认为是犯罪，于是不再设通奸罪。韩国现在也取消了通奸罪，原因主要是调查取证难。有通奸罪的威慑尚且避免不了出轨，没有了通奸罪这个"紧箍咒"，会怎样呢？如果夫妻在分居，没有配偶的监督，那人不是就容易违反道德？有人说怪他意志不坚定，可以前很多意志坚定的人中不也出现了问题？何况我等普罗大众？

夫妻两地分居，难免在心里一遍遍地问对方能否经得住考验，是否值得信任。猜疑会随着时间的推移而日渐增加。

但愿我忆人忧天，但愿我低估别人爱情的坚贞，但愿上面的说辞全是多余。

我国的婚姻法规定，夫妻分居二年就视为感情破裂，就可以判决离婚，是有道理的。从这个规定来看，分居二年是一般人的忍耐极限，当然有些人意志坚定，三五年都不是问题，而且有的人还一年中间见面一二次。我在此不想说得那么绝对。

如果你感觉一丝不确定，如果你有一点怀疑，如果你不容许爱情有一丝丝缝隙，就要避免两地分居，也不要因冷战而造成咫尺天涯。

爱情不是墨粉，请珍惜。

遭遇背叛，是追究违约责任，还是潇洒地离开

"连就连，你我相约定百年"。有无数相携到白头的，但也有用婚外恋、出轨这些现象来衬托白头到老的可贵和美好。

每个女人，婚前平均都有几十个以上的追求者和候选人，暗恋者不计其数。其中有非你不娶的，有为你错过无数风景的，可这个女人最后却"提拨一个叛徒"。不追究背叛者责任，如何给大家交代？良心何安呢？

很多案例表明，女人抓获男人出轨，男人有的为躲避惩罚、行缓兵之计；有的只是一时良心发现，恳求不分手。他

们都会有痛哭流涕、下跪等认错表现，但时过境迁，再犯的概率不小，此时要抓其把柄就很难了。因此，离婚时无法向其索赔，甚至不能离婚。

那些怨妇经常找律师代理离婚诉讼，想要出轨男人赔偿损失，可是她们都不能提供有效的证据。此时要律师调查，费用和难度很高。她们很多是家庭妇女没有收入，付不起律师费，而且对方防范意识和能力增强，想抓其"罪证"经常是不可能完成的任务。

社会上的各种市场，出现假冒伪劣产品或服务，出现欺客行为，顾客要勇于索赔，积极维护自身权益，甚至举报到工商管理部门，这样市场上的相关现象就少了，维护自己权益的同时也是维护广大消费者权益，正所谓"我为人人，人人为我"。婚姻市场上也一样，如果行动的人多了，形成"过街老鼠人人喊打"的局面，是不是能有效减少背叛现象？

婚恋咨询专家的相关文章都劝导女人，如果还不想离婚，不要去老公单位闹，不当众伤男人面子。我们律师建议是，如果感情还在不想离婚，不闹、不宣扬、不揭露没错，但要留下悔过书，留下"罪证"，口说无凭，得书面保证不再犯。

追究前任的背叛责任，也是给后任的投名状或者说见面礼，这说明你和前任已经一刀两断，不会死灰复燃，更不可能暗中私通了。

第十章

人生若只如初见

不哄不"骗",老婆不见

有句话叫"男人不坏,女人不爱。"不知真实性如何,但男人不哄不"骗",是娶不到老婆的。

"坏男人"深谙女人的心,知道女人的需求,很会讨女人欢心。女人爱虚荣,就夸她漂亮;女人有文化,就赞美她有品位;女人不顺心,就逗她笑逐颜开。总之哄、骗、逗、宠、疼几种武艺,何种能一招制敌就用哪种,一种不行几种配合着用。当然力道要恰到好处,她美六分,他就夸她八分九分;她有点与众不同,就赞她有品位,不能老实地实话实说。

女人如花,需要浇水,需要呵护,男人也想充当护花使者,也要不吝赞美之声。

女为悦己者容,对方梳妆打扮一二小时,男人也要愿意用一二分钟赞美和欣赏。

女人的逻辑常是"口是心非",相对应的,男人也必须是"正话反着听,反话正着听",也要会"矛盾逻辑",也要配合女人说"假话"。可是女人的话有时不是口是心非,如果男人不能及时跟着刹车,就会成为对方指责的罪过。

女人喜欢"美丽的谎言",不喜欢"骨感的真话"。既然这样，男人就要做她喜欢的菜，"君子不夺人之美"，像饭店就顾客口味，此为常理。肥胖的女人经常问男人"我看起来肥胖吗？"男人的预定台词是"你不胖，身材好看"；相貌普通的女人常问男人"我长得好看吗？"男人的台词是"好看""我喜欢"。男人除了记住台词还得声情并茂地表演，别无选择。

女人常常和熟悉的某同事某邻居女人相比，常问老公："我和她谁漂亮？""我和她谁能干？"这些男人切不可依实作答。因为两相比较，一般未成年人都能正确知道谁漂亮，老婆一样有此能力。可是还要问老公，老婆明显是要对自己有利的答案。

晚归的男人，女人常会盘问事由，男人有时也需要"善意的谎言"。如郭达、牛莉在中央电视台演的小品《一句话的事》，为证实他在加班，当一方要配偶的同事或朋友给本人接电话时，他们帮其掩饰"他在上厕所"。

以上这些还属正常表现，男人也没有损失，内心也多是乐意的。但有些时候男人是违心的，不得已的"哄骗"。

很多女人就喜欢一些不切实际的想法，提出些男人难以满足的要求，比如提出"我和你妈同时落水先救哪个""我和你妈吵架你帮谁"的两难问题；比如要求有权力的男人为自己开后门。男人如果坚持原则，不答应要求，会被认为"不够爱我"而被驱逐出婚姻市场。

在招投标中，投标书要满足招标条件，否则是无效的。男人的投标书就算符合招标条件，还得看谁的更优惠。为投标成功，揽到"爱情工程"，各项低于成本价的工程都有了，有的"免费的工程"也出来了。比如男人承诺婚后全包家务；比如"奴性地献媚"；比如吵架时男方无条件认错。别人"投标"许诺以上这些"优惠条件'，你就加上无条件跪搓衣板、写检讨书。电视剧《老公们的私房钱》中，那些男主角们跪搓衣板一次就两小时，写检讨不少于一千字，这些还绝不能打折扣。真是没有最优惠，只有更优惠。只是建筑行业的招投标不完全履行是要负法律责任，要被罚款；而婚姻市场上的夸大承诺或虚假承诺不履行却不违反法律规定。

一些女人老想考验男人对自己爱有多深，一哭二闹三上吊，男人要做的只能是配合其戏剧剧情，何时何地说啥台词，配合怎样的身法步，都有预定的内容。

有些女人要求男人签订婚后的"三大纪律八项注意"，还要男人做到以老婆为中心的"八荣八耻"，当然男人也没有选择，只有签订保证就是。

下面做诗一首，但愿人人都有理想的爱情，人人的爱情都能善始善终，不需哄骗。

好想好想

——中国人口统计报告，光棍汉有上千万

好想婚姻和爱情，

有一个足够大的市场；

好想国际贸易通畅，

都能领回外国新娘；

好想染色体重装，

多一个可嫁女少一个剩男。

好想有一个车间，

安装温柔和阳刚；

好想有一种标签，

贴上漂亮和健壮；

好想有一把黑板擦，

随时清除伤害和背叛；

好想牵手就不放，

再也不挤婚姻市场。

婚姻是爱情的保护区

有人说婚姻是爱情的坟墓,实际正好相反,婚姻是爱情的保护区。在结婚前死的爱情远比在婚姻阶段死的爱情为多,可为何很多人对婚姻中的爱情死亡有更深感触呢?男人女人们以为爱情已修成正果,有结婚证证明爱情"毕业"了,爱情进了保护区,其他竞争者滚开了,可以松口气,歇一歇,可以翘二郎腿。很多以前讲究的礼仪会有所放松,男女穿着打扮也变得随便了,不再那么干净,不再那么体贴。在外面那么累,在保护区不需要再提高"警惕",都是自己人。因此一旦感情有变,人们心里很难接受。

爱情"长征"途中的失败或死亡,心里程度不同地有个预期,较易接受。而少数的婚姻失败,被人为地放大,造成了较大负面影响。

婚姻没有葬送美好的爱情,即使是再美丽的器物,也要勤加保养、擦拭,维修吧。我们工作后,参加了多少培训,自个学习了多少知识和技能,毕业了不等于不用学习了呀。众所周知,即便在自然保护区,里面也有竞争、也有淘汰,也有保护区外来的入侵者,动物们仍须每天煅炼奔跑和捕食技能。进了保护区的爱情只是初步成功,还有很长的路走,有很多工作要做。借用孙中山先生的话来说是"革命尚未成功,同志仍须努力";用党的话说是"万里长征走完了第一步","同志们务必保持谦虚谨慎、戒骄戒躁"。

婚姻不是比恋爱多一张纸。婚姻因结婚仪式而庄重,新娘因庄重而美丽。举行婚礼、参加婚礼的亲友都是见证人,在法律上那叫事实清楚、证据充分。双方的爱情等于向公众公告,谁要违背誓言,必然受到亲友指责,这有利于爱情的稳定性。

结婚后,双方的权利义务确立,一人取得丈夫的身份,一个人取得妻子的身份,国家机关出面确认恋爱成果,并以法律形式为双方制定规章制度。

双方办了结婚证,举行了婚礼,那些追求者如果要"翻案",可能性就小很多。因为就算翻案成功二人离婚,和他们其中之一结婚,那显然面子上有损。那些潜在窥伺者也会离开放弃,如果再窥伺,则难度和成本太大,不如窥伺那些名花无主的,或者窥伺那些虽名花有主、但国家机关没有认证和授权的。

"婚姻是爱情的坟墓",如果从另一个角度理解,也有一定道理。爱情如身体上的细胞,每天有细胞消亡,有新的细胞诞生。爱情也一样,旧的爱情形式或内容消逝,新的爱情形式或内容到来,以前轰轰烈烈,现在平平淡淡;以前花前月下、人约黄昏后,现在洗洗涮涮、常盼伊人归。爱情有新陈代谢，说是坟墓那也没错，最少婚姻中的爱情少了往昔的风采，多了新的权利和义务。

婚姻是爱情的保护区，婚姻法和道德禁止他人在保护区狩猎。

私房钱适应所有制形式

婚姻家庭中的男女，对于私房钱是又爱又恨。即便是为他们解惑的婚恋专家们，也是部分支持私房钱有之，部分反对私房钱者有之，认为私房钱利弊各半者有之。

从法律的角度看，私房钱是合法的，也是合理的。

《宪法》第六条："中华人民共和国的社会主义经济制度的基础是生产资料的社会主义公有制，即全民所有制和劳动群众集体所有制。"

"国家在社会主义初级阶段，坚持公有制为主体、多种所有制经济共同发展的基本经济制度，坚持按劳分配为主体、多种分配方式并存的分配制度。"

从一个家庭来说，夫妻财产共有，是"基本经济制度"，而私房钱是"多种所有制经济"中的私有制形式，也是合法的，夫妻藏私房钱也符合"多种分配方式并存的分配制度"。一句话，私房钱适应中国目前的经济制度和分配形式。

《婚姻法》规定夫妻各自的婚前财产归各自所有，那么，夫妻除共有财产外，肯定有个人财产，私房钱不可避免。

很多女人婚前或结婚后，男人送的黄金项链和钻戒等，也是属于女人的私房钱。如果不存在私房钱，男人送出的钱物还是归自己，送等于没送，可谓空头人情。从这里来看，私房钱有其合理性。

很多地方女人出嫁要收高额彩礼，父母收了大部分不动用，都是给女儿的陪嫁了，有些彩礼直接就是女人"自收自支"，这也是私房钱的来源之一。男人送出的彩礼，也不好意思说"女人你不应当有私房钱"，也不应该送出的彩礼转个弯又要求共有。

私房钱有很多用处，这也是婚恋专家们支持的理由。比如夫妻一方给父母亲友送礼，有私房钱不需要经过另一方同意少了很多麻烦，免得另一方会不满双方父母送的礼不一样。《老公们的私房钱》电视剧热播，范明主演的男一号赵明浩给父母寄钱时，有五百元就是用自个的私房钱。还有夫妻一方社交应酬消费，有了私房钱就不用向另一方报帐，就算对方同意报销，还得拿出发票，就算拿出发票还有审查真实性问题。个人消费和支出能完全由自己掌握，各自都有一定的个人空间。

《老公们的私房钱》中的郑老太（潘虹饰），为了三个女儿婚姻稳定，防止男人有钱感情"走私"，郑重叮嘱女儿把老公看住，重点从私房钱抓起。三姐妹采用各种手段，各自对老公发起私房钱大战，几番折腾，三个原本幸福的家庭陷入情感信任危机。这直接导致老大家冷战、老二家离婚，老三家分居。这一切让始作俑者郑老太后悔不已，做起"消防员"，奔波化解矛盾，三个家庭最终和好如初。

当然，私房钱也有弊端，也就是藏私房钱会影响夫妻感情，有时藏私房钱会影响"公有经济"的发展，生活中私房钱还常常成为夫妻吵架的中心内容。

不管爱也好、恨也罢，私房钱必然会随着私有制的长期存在而存在，这也是"爱情不是纯净物"的一个重要证据。爱情不是纯净物，爱情中有"私情"，这是受法律认可的。

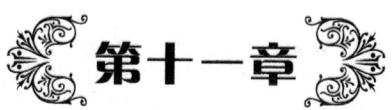

第十一章
婚姻走在风雨中

全职太太为何"失业率"高?

对于全职太太遭丈夫离婚的情况,很多婚恋文章都分析了种种原因,比如全职太太不注意妆扮,容易成"黄脸婆"。

有全职太太的家庭,男人都事业有成,都经济能力强,能养活全家。

按照爱情公式,爱情=物质+感情+其他,很明显,男人比"初见"时经济能力大大增强,"物质"科目分数增加很多,爱情总分值也比"初见"时有大幅提高,男人有报考更高级别或更好学校的冲动,也有报考的实力。

而女人呢?爱情分值的主要得分科目"相貌",分数下降幅度较大。如果拆伙后另外招聘,往往录用不到如老公这么高分值的男人。

男女双方分数一增一减,差距拉大,这多少会让男人有优越感,让女人有点不自信。精神层面上,这再度让双方的分数一增一减。

男人经常在外面跑,每天都接触很多"爱情信号",俗话说,"人非圣贤,孰能无过?"男人天天被"爱情信号"环绕,有少部分意志不坚者或者老婆感情分值本来不高的,就会感情出轨，其次身体出轨，最后呢，当然是谋求这些行为的合法化，就会想到离婚了。

站在女人的角度考虑，如果自身分值不高，感情上又不能达到老公"非你不娶"程度，还是不要盼望老公事业太成功，财富飞涨。

站在男人的角度考虑，如果自己不想违背爱情誓言而自己意志力又不是很强，做不到"威武不能屈，富贵不能淫"，事业还是不要做得太大，财富不需要太多。

企业有质量控制体系，爱情和婚姻也应当有控制体系，防患于未然，消除或避免潜在风险。

成功男人天天面对各种诱惑，如同受刑，内心受到"天人交战"、"廉洁与腐败"的斗争、"道德和放纵"的纠结、"守法守信与背弃盟约"的拉扯。电视电影经常可以看到，地下共产党员受刑不住，又不肯背叛自己在党旗下的宣誓，就咬舌自尽。那么成功男人们呢？如果事业做得太大，很多野花主动投怀送抱时，是不是也可以放慢挣钱的速度？是不是减少些挣钱的时间，多抽出时间陪陪老婆和家人呢？

全职太太这职位是对于家庭而言，对于爱情而言，是没有的。全职太太们不要以为自己对家庭做出巨大牺牲，就指责男人不知好歹、忘恩负义、背弃山盟海誓。对家庭做出巨大牺牲不等于为爱情做出巨大牺牲，毕竟家庭不是爱情的全部。

夫妻本是同林鸟，大难临头怎样飞？

虽然有"天地合乃敢与君绝"等相似誓言，"冬雷震震夏雨雪"等不可抗力没有发生，但现实中夫妻中有重大变故，仍会考验双方爱情的忠贞。

对于用于家庭生活的共同债务，虽然一方出面借的钱，按法律规定，另一方离婚了也要承担偿还责任。此种情况下，即使背负如山债务，也是共同的。离婚对其中一方没有好处，如果不是另有"良枝而栖"，离婚的可能性较小。当然假如男人"物质"科目成绩极差，双方因债务、事业不顺又时有争吵，如长期经济不能改善，劳燕分飞仍难以避免。

如果一方个人有巨额债务，离婚后另一方不用承担责任，离婚对其有利，那么不用承担债务一方要求离婚的可能性极大。现实中很多案例表明，很多人选择离婚，其中部分是为了躲避债务约定假离婚。假离婚后来变成真离婚的也有，部分是不负债一方想拆伙另求发展，以假离婚为名搞真离婚。

因一方负个人债务而离婚的案例中，因男方负个人债务而离婚的案例远高于因女方负个人债务而离婚的案例。其根本原因在于，二人的爱情分值计算公式有差异，男人的爱情分主要在物质科目得分，而女人爱情分值主要在相貌，故男人负巨额债务，其分数直线下降，而女人分数下降较小，男人不很介意女人的巨额债务，所以提出离婚的比率低。

如果夫妻一方遭遇意外事故身体受伤害，这和经济负债男女提出的离婚比率又区别不同。

男方受身体伤害的，女方提出离婚的比率较小。如前面提到的郭加银与刘从花夫妻，郭加银在给一村民装修房屋中，不慎从二楼摔下，胳膊摔成骨折，后成瘫痪，肌肉萎缩，但刘从花不离不弃。

2016年12月22日，中央电视台《向幸福出发》栏目，播出了名为《痴情不改补办婚礼 妻子唤醒植物人丈夫》的节目。郑晓东原本有一个幸福的三口之家，她与丈夫都是小学教师，感情融洽。然而12年前的一场车祸，丈夫王正瑜成为植物人。12年来，郑晓东一直精心照顾并用夫妻甜蜜往事将植物人丈夫"唤醒"。丈夫从没有意识逐渐到可以行走，对语言也恢复了简单反应。

王正瑜受伤害后做颅脑手术，从脑中取出骨头和内容物，致使头前额有左右两块大大的凹坑，在两凹坑中间有"脊梁"突起，严重毁容。

女人身体受伤害，特别是毁容，男方要求离婚的比例极高。武汉周某和郑某自由恋爱结婚，郑某离异有一小女儿。婚后周某辞了工作在家做全职太太，照顾郑某的女儿。郑某的女儿打翻开水壶，周丽及时发现救她，烫伤了自己左脸最终不幸毁了容。周某住了1个多月医院准备出院时,郑某却对其提出了离婚。他直白地告诉周某,"自己看不惯这张脸,即使以后整容,自己想着也觉得不舒服。"他会给周某足够的钱去做手术,但是一定要离婚。

另外一个真实案例更加让痴情女人伤心。王男经商失败,欠下巨额债务被人逼债,流落他乡,经商的李女伸出援手救助了他,二人日久生情并结了婚。李女有次去外地进货时遇车祸毁容,王男开始还热心服待,后看清其毁容严重,骗完全部存款还不算,还把商店转让给他人,再玩失踪。李女流落异乡还欠下部分医疗费。

为何男人身体受伤害女人提出离婚比率低,而女人身体受伤害男人提出离婚比率极高?依照爱情公式,女人的爱情分值主要在相貌上得分,毁容后其得分直线下降到零,其爱情总分值将极低,双方分数差距极大,有极高的离婚率就不奇怪。

很多人的爱情誓言在宣誓时其内心也是真诚的多,但为何发生重大变故,仍然会有极高的分手率?前面说过,"我爱你一生一世"这句话是有前提的,比如男人会以她目前的相貌不会有重大变化为前提,女人则以男人的物质经济不会有重大恶化为条件。如果知道这些重大变化必然发生,对方分值明显不符合自己录取分数线,那他(她)肯定不会录取、不会山盟海誓。

这些前提，虽然没有说出来，但在法律上那叫隐性条款。虽然在合同上没有写明，但依据交易习惯、或者附件（如开发商的宣传资料）、或者法律规定，仍然需要双方遵守的条款，就叫隐性条款。

在婚姻市场上，很多女人对经济方面有明确要求，如月入二万，有房有车，她没有明确说以后每年月收入也是二万，但实际就是要求收入不能低于此标准，这是她的隐性条款。

男人呢，有的就明确要求貌美、健康，他也没有更明确说只是目前达到健康就行，肯定也包括以后也这样。相貌能用眼观察得到，健康与否却无法判断识别，他又不好突兀地问"你身体有毛病吗？"

还比如生育能力和性能力，中国人比较含蓄，谁也不好意思问对方有没有生育能力。性能力估计最前卫的男女也不敢问，问了对方也不好答，谁真的问了就被认为是傻子，虽没说明但双方都有此隐性条款。还有更重要的是，就算问了答了也是当时有效，以后能力能否正常保持，谁也不好说。

就如同一家公司面试员工，当时符合条件，后来身体发生意外技能受损，根本无法胜任工作，或者员工的相关证件失效，即使签有合同，公司也可能辞退员工。

"我愿意娶（嫁）她（他）为妻（夫），从今天开始相互拥有、相互扶持,爱他、安慰他、尊重他、保护他,像爱自己一样。不论他(她)生病或者健康、富有或贫穷,始终忠于他(她),直到离开世界。"电视电影中常能看到结婚仪式中相似的誓词。但如果让他们其中一方穿越时空到不久的未来,女方看到男方不久将变得贫穷、患病而不再拥有健康,男方看到女方不久将因意外伤害被破相毁容而不再让其迷恋,双方都将达不到自己的择偶标准,而且与录取分数差距巨大,还有多少人会结婚宣誓?如果高富帅或白富美本来就有多个候选人或备胎,面前这个人也仅是"险胜"的情况下,绝大多数不会如约举行结婚仪式或领结婚证了。

但愿继续宣誓的比率能让大家没有感到失望,毕竟人人都幻想爱情如童话故事里那样美好。

家庭伤害,法律有时不在线

全国约有百分之三十的家庭妇女遭受过家庭暴力,这还是指有形的身体伤害,不包括精神暴力和性暴力。当然也有妇女对男人实施家暴的,存在家暴的家庭总数就超过百分之三十了。

中央电视台《中国反家暴纪事》,其中的女犯都是因为长期忍受家暴,长期压抑之下,爆发而杀死丈夫。

中国的传统观念认为，家丑不可外扬，家暴难以启齿，不愿意报案，不愿意承认自己遭受家庭暴力，特别是男人遭遇家暴更是不承认、不敢宣扬，有的就是邻居听到被打的惨叫声打电话报警，警察来了也不承认有被殴打的事实，警察也只能爱莫能助。

在此说一下与家暴有关的罪名"虐待罪"，除非虐待致家庭成员受重伤、死亡，否则公安机关不告诉就不受理，比如打成轻伤。《刑法》第二百六十条："虐待家庭成员，情节恶劣的，处二年以下有期徒刑、拘役或者管制。

犯虐待罪，致使被害人重伤、死亡的，处二年以上七年以下有期徒刑。

第一款罪，告诉的才处理，但被害人没有能力告诉，或者因受到强制、威吓无法告诉的除外。"

除了有形的身体伤害，还有无形的伤害，那就是精神暴力。有些男人不打老婆，却喜欢使用精神暴力，比如常见的辱骂，更严重的有威胁恐吓要杀死老婆或其父母全家，或者声称如果离婚就要宣扬老婆的隐私等等。

精神暴力不是犯罪，国家机关不好干预，生活中常见弱势一方去居委会或妇联哭诉，由相关人员做调解工作。

现在说另一种暴力——性暴力。

案例一：《南方网》新闻，2009年，夫妻长期分居，在一次争吵中，丈夫不理妻子的反抗，强行与她发生了性行为。

丈夫的做法是否构成强奸，应否受到法律的制裁？顺德区法院审结了佛山首例婚内强奸案，被指控强奸妻子的李某，最终被法院一审宣判无罪。

法院指出，在正常的婚姻关系存续期间，任何一方都有与另一方同居的义务，性生活是夫妻共同生活的组成部分，在这种情形下对强行与妻子发生性关系的丈夫以强奸罪判处刑罚，与事实及法律相违背，也不符合我国的伦理风俗，丈夫不应成为强奸罪的主体。具体到此案中，被告人李某与妻子张某虽然在"闹离婚"，但双方当时没有向法院起诉或到民政部门办理相关手续。

案例二：1989年8月，河南信阳县人民法院以强奸罪判处被告人靖志平有期徒刑6年，这可能是我国第一起婚内强奸的判决。该案案情为：被告人与被害人认识不久便匆匆领取了结婚证，但同居生活时间不长被害人即起诉要求离婚。在离婚诉讼期间，被告人在亲友帮助下将被害人劫持回家，并不顾被害人反抗数次将其奸淫。

案例三：被告人王卫明与被害人钱某于1993年结婚，婚后他们夫妻之间逐渐产生矛盾，感情破裂。1997年10月8日，上海市青浦县人民法院应王卫明离婚诉讼要求判决准予离婚，但判决书尚未送达当事人。

在这期间，王卫明至钱某处拿东西，强行与钱某发生性关系。法院经审理后认为，法院一审判决准予离婚后，双方已不具备正常的夫妻关系，在此情况下，被告人王卫明违背妇女意志，采用暴力手段，强行与钱某发生性关系，其行为已构成强奸罪。法院一审判处被告人有期徒刑3年、缓刑3年。

中国刑法学会理事、华南理工大学法学院副院长徐松林教授指出，按我国刑法理论，"婚内强奸"行为一般不宜以"强奸罪"论处。这是因为，首先在婚姻关系存续期间，性生活是夫妻生活的重要内容，性行为既是配偶间的一种权利，也是一种义务；其次，夫妻生活中，即使确有一方不愿意，但这只是夫妻间的性道德问题，只应受道德谴责。不过，徐松林同时表示，符合一定条件时，"婚内强奸"也应当以"强奸罪"追责。已经领取结婚证，但双方并未开始共同生活，或者共同生活已经结束，而此时夫妻生活有名无实。

其实婚内性暴力比例不低，只是当事人难以启齿，报案的很少。妻子即便报了案念在夫妻情份上，或者亲友的劝阻，或者为小孩成长考虑，也要求不追究其强奸责任。

极少数报案又坚持追究刑事责任的案件，很多法院也是如案例一一样，判决无罪，判决强奸罪成立的是极少数。

强奸罪，是指违背妇女意志，使用暴力、胁迫或者其他手段，强行与妇女发生性交的行为。显然案例一也是符合有关规定，只是"丈夫不应成为强奸罪的主体"。

上面法院及法学专家看法："性行为是配偶的权利又是义务"。其实中国没有一部法律规定"性行为是配偶的义务"，所谓的义务也一般是道德义务或者是伦理义务，而不是法定义务。从另一角度也可看出该看法还应当再作进一步完善。比如有身体受伤害者没有性行为，尽不到配偶的义务；另外妇女在疾病、怀孕或产后不久，都没法履行性行为的义务。

遭遇性暴力而报案的可能不到万分之一，公安局立案受理的报案不到一半，立案受理后受害人坚持追究责任的剩下不到一半，也就不到十万分之三，本来就极低的比例，这些坚持要求判刑的，肯定已经恩断义绝了，夫妻感情名存实亡。

因为各地法院判决不一样，在此，我只能劝各位，和老婆睡觉有风险，脱衣须谨慎。

上面为妇女说了好多话，现在为男同胞说几句。

《日本新华侨报》总编蒋丰写了一篇文章，题目是《五年翻十番，家有暴妻的日本男性有苦难言》。文中提到，从2010年到2015年，男性家暴受害者增加十倍，有报案记录的达到7557起。"暴妻"共同点是美貌、高学历，没有同性朋友；而被害男性的共同点是：性格温和、责任感强。

东京当地律师接受采访时说，他们接受的家暴案件中，男女各半。女性仅凭受害人单方证言，就能获得他们当地法院的信任和认可，但男性受害者的取证比较困难，必须提供被妻子辱骂或殴打的录音、录像。当地律师还表示，男性受家暴肯寻求法律帮助的不到十分之一。

我曾经代理过一个离婚案件，男人在法庭上"控诉"妻子的"暴行",可是事先却要求书记员不要记录,他怕传出去丢人。可见就是到了真正要离婚的时候,男人还是放不开脸面,不愿让社会知道其受虐的事情。

《老公们的私房钱》电视剧中,男主人公们被逼跪搓衣板、电脑键盘、写千字检讨书、赤脚且身无分文被赶出家门,其实就是家暴。但被虐的男人及观众有几人对男人的"暴妻"说不是?社会对妻子这种行为普遍容忍,甚至认可为"妻管严"。

中国的男人对别人说受到家暴,听的人都不大相信,也很少会得到同情,往往受到的是耻笑和鄙视。因此,男人更不会去公安局报案了,法律有时也无能为力。

当然基于中国男人的爱面子,在这里我不想说中国男人有多少人受到家庭暴力。从中国女人的地位比日本女人高来看,中国男人受家庭暴力伤害的比例应该也不比日本男人少吧。

按中国社会普遍认知,"打是亲,骂是爱",家庭伤害和"亲"、"爱"没有很明显的界线,法律就算"在线",要准确判断事实和是非也不容易。

判处"死刑",缓期二年执行

本书的内容是谈婚说爱的,这里的"死刑"当然不是刑场上的枪毙,而是离婚。"判处死刑,缓期二年执行",在这里指的是要离婚,但给予对方二年考察期。

为方便叙述,这里先说说刑法相关规定。《刑法》第四十八条:"死刑只适用于罪行极其严重的犯罪分子。对于应当判处死刑的犯罪分子,如果不是必须立即执行的,可以判处死刑同时宣告缓期二年执行。"

"判处死刑,缓期二年执行"的犯罪分子,如果在缓期二年内没有故意犯罪,就撤销死刑。

在婚姻领域,最高、最严重的刑罚是离婚,那么婚姻中"极其严重"的"犯罪行为"是什么呢?在此我以社会的普遍认知,试着列举。首先应当是重婚并生有小孩,一般同居并非婚生子也等同于上述"罪行";其次是对配偶施行暴力犯故意伤害罪;第三是对配偶的近亲属犯故意伤害罪影响夫妻感情。

重婚和同居,只要没有与他人生育小孩,在社会实践中,很多情况下不是"判处死刑立即执行"。当然无过错方要求离婚,不给对方二年考察期,也不能说"判决不公",此时无过错方有决定权。

对配偶施行家暴犯故意伤害罪的，往往因施暴方有喝醉酒而控制力弱或者受害方有过错，现实生活中"判处死刑，缓期二年执行"的情形比上面的情况多得多。

第三种情形呢，如果伤害的是女方的父母，估计"判处死刑，立即执行"很难逃脱，只有极个别"缓期二年执行"。如果伤害的是配偶的兄弟姐妹，则要看情况。生活中妻子受丈夫家暴或丈夫出轨，娘家人来讨公道，如果这时丈夫对他们犯故意伤害罪，那离婚是很难更改了。

以上夫妻间的伤害或一方对他方亲属间的伤害，古代法律称作"义绝"，不管双方是否同意离婚，均视同夫妻恩断义绝，由官府判决夫妻双方强制离婚。这也是成语"恩断义绝"的由来。

在法庭上，因为犯罪分子确有悔过表现或者有立功行为，法院也会酌情从轻处罚，比如"判处死刑，缓期二年执行"。婚姻中也因为一方有悔过表现，从而得到配偶从轻发落的。

婚姻中的"缓期二年执行"有两种方式，一种是夫妻分居二年，一种是夫妻一方与第三人同居二年。两种方式各有利弊，前一种对"犯罪方"惩罚重，但缺点是缺乏监督监管；后一种有利于监督改造，但惩罚较轻，"犯罪方"待遇相对好。

配偶的悔过表现，有的是为了蒙混过关，有的其信誓也就维持个把月。因此要不枉不纵很难，无过错方无论怎样判决，过错方不宜到处喊冤叫屈。

比上面列举的三种"罪行"轻的，一般是吸毒、犯罪坐牢、经常家暴、经常赌博影响家庭生活、经常酗酒、婚外情等等。

婚姻中的其它过错或者说"罪行"，应当比上面三种"极其严重"的情形要轻，按理说处罚比三种情形惩罚要相对轻，也就是不离婚。生活中因上述"较轻罪行"离婚的，多是闹离婚多次不改的。

大部分离婚案例并不是上述"罪行"中的一种，甚至都不算罪行。这说明，即使最亲密的人，也对一方不公，也惩罚不当。

我曾经代理过一个离婚案件，当事人不想离婚，作为代理人当然没理由反对，可当事人的亲友认为和好无望，晚离不如早离，指责我现在不支持离婚，下一次又可代理离婚，再收一次律师费。这说明夫妻的亲友，也喜欢"判处死刑"，而不给"缓期二年执行"。

很多男女喜欢山盟海誓，比如"冬雷震震夏雨雪，天地合乃敢与君绝"，类似情形离现实太远、太空洞，根本不存在。我看还是现实一点，当配偶有"罪行"或过错时，"判处死刑，缓期二年执行"这样的誓言或承诺，有用得多、有现实意义得多。现代社会离婚率高居不下，离婚需要冷静，需要少些冲动，而"缓期二年执行"是可行的办法。

山盟海誓前、结婚之前，还是多想想自己能不能给面前的这个人，在何种情形下"缓期二年执行"吧。

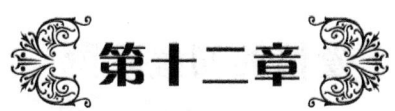

第十二章

人类的婚姻处于爱情的初级阶段

世界长期处于爱情的初级阶段

爱情是社会的产物,其概念和内涵也将随着社会的发展而发展,每个时代的爱情都受限于该时代并与时代相适应。

很多人对现在婚姻爱情市场的国情认识不清,盲目地提出各种高要求,追求所谓"真爱",那些婚恋专家也没有站在更高的高度为他们解惑。这如同在经济发展中追求"一口吃成胖子",条件不具备、物质不丰富是不行的,目前主要是解决"温饱",然后用若干年解决"小康"问题。

相应地,爱情也有个初级阶段理论,也得分三步走。

现在到2050年,实现男人基本解决温饱,适婚男女比例基本达到1:1;第二步,从2051年到2070年,基本消除遗传疾病和先天残疾;第三步,从2071年到本世纪末,在生育技术上达到优生,男女身高无偏高偏矮及无丑貌,对后天的伤疤能有效整容美容,对伤残也能有效医治和修复,总之都是帅哥靓女。

人口生产周期要比经济周期长,故而每阶段都比国家发展战略的各阶段用时多一倍。

在第一阶段,婚姻市场供求双方达到平衡,从而消失高价彩礼和买卖婚姻现象，男人有女可娶，女人有男可嫁；第二阶段，婚姻市场上的"货物"，基本是"有机产品"，基本无内在缺陷，供求双方都有很高的满意度；第三阶段，婚姻市场上的"货物"，全部是"有机产品"，且外貌都极似偶像派帅哥美女，再也没有"特招生"现象，没有以貌取人现象，此时大家爱情分值都极高，都能达到满意，双方都注重内在品质的提升。

中华民族的伟业复兴过程，也是中华民族爱情从初级阶段到高级阶段的过程。中华民族的伟业复兴，不能只看经济的腾飞，还得看爱情婚姻质的改善。

爱情不是纯净物，这是爱情处于初级阶段的必然表现，爱情的初级阶段理论，也有助我们认清爱情的实质，少些迷茫和痛苦。高额彩礼、婚姻买卖、拜金女的出现，都是私有制决定的，必将随着私有制的长期存在而存在。只有到了共产主义的高级阶段，那时物质按需分配，"物质"科目考试将会取消；"地位"科目也没人考察了；而相貌大家都达到满意的程度，"相貌"科目考试也取消了。大家拼的是文化、修养和品行。

爱情、婚姻与小康社会

小康生活、小康社会这些词经常能听到看到,大家对"小康"这词都很耳熟。我复述下有关小康的概念:小康水平,是指在温饱的基础上,生活质量进一步提高,达到丰衣足食。这个要求既包括物质生活的改善,也包括精神生活的充实;既包括居民个人消费水平的提高,也包括社会福利和劳动环境的改善。

各级政府都有解决贫困人口的任务,每年都有帮扶多少户多少人脱贫的指标考核。在各种报告和会议中都提到,2000年,我国尚有3000万人温饱没有完全解决。城镇也有一批人口在最低生活保障线以下。还有相当数量的人口虽然温饱问题得到解决,但尚未达到小康。

显然,目前提到的"小康"只提到了物质生活,对精神生活的重视相对弱些,对于爱情婚姻在建设小康社会中的内容和地位,基本没有描述或没有具体要求。

按照中国的人口统计报告,男女比例失衡严重,男人多出三千多万,也就是说精神生活或情欲上饥饿的有几千万人,几千万人在感情上无法解决"温饱"。

上面的温饱问题容易理解,现在重点说说爱情婚姻中的小康水平，下面我试着拟几个标准。一、对配偶有较高的满意度；二、中学以上文化，双方文化、受教育程度相当或差别很小；三、平均每月相聚不少于20天；四、能有时间经常顺畅交流并有交流愿望；五、双方没有婚外恋及婚外性行为；六、善待对方亲友；七、有小孩或有生育小孩的能力及意愿；八、身体健康。

当然还可以有其他标准，在此笔者想要说明的是，感情方面的小康，能达到的数量不很理想，比如聚少离多的空房空床夫妻，就不能说有小康的感情，光这点占比就很大。

2000年，我国尚有3000万人温饱没有完全解决，经过十多年的努力，按统计数据，现在没有解决温饱的也就几百万吧。但到2020年，爱情和婚姻没有解决温饱的却超过三千万人。政府要解决贫困人口脱贫问题任务艰巨，10年内要解决感情上的温饱问题更是任重道远，要实现感情上的小康，恐怕要五十年，一百年。

在此我提出爱情婚姻上的温饱和小康的概念，是想让成年男女有清楚认识：绝大部分人只是解决了感情温饱，感情上的小康，对多数人而言仍离现实很远，对婚姻和爱情不要有不切实际的期望。另外我也想告诉某些婚恋专家，做咨询时要立足国情，要实事求是。

中国全面建设小康社会，离不开爱情婚姻的小康内容。

功夫在婚外

在当下，很多配偶的各方面得分不是很高，爱情和婚姻还是处于"解决温饱"阶段，满意度不是很高。少部分人的爱情和婚姻能达到"小康水平"，但仍离理想状态有一段距离。要想爱情稳定，配偶双方不移情别恋，只能另寻它途，"功夫在婚外"。

有能力又有时间跋涉其他爱河的人，总有去跋涉甚至沐浴的想法，直到受到阻止才罢休。以前父母包办婚姻，婚前感情相对比现在的年轻人少，为何离婚少？婚外情少？其一，道德约束，道德水准高，找爱人看重品行；其二，是法纪约束，生活作风抓得严；其三，以前一个男人只出得起一次结婚费用和彩礼；其四，现在电影、电视、文学、网络影响着人的欲望。

既知原因，就可对症下药。

首先，要提高双方的道德修养。修身养性，做一个高尚或比较高尚的人；自觉抵制诱惑，告诫自己"己之不欲勿加于配偶"，不搞婚外恋，不出轨；多想想配偶的好处，每天重温对爱人许下的誓言。

其次，要有正当的追求。我之前说过的某些商人包养情妇比较多见，就是因为不能摆正自己。这个圈子文化相对比较低，特别是改革开放初期成长起来的生意人。他们文化不高，追求享乐，没有正确的世界观和人生观。另外，这行还有很多偷工减料、行贿受贿、拖欠工人工资跑路的负面新闻，也让社会对其评价不高。

再次，要有理想和爱好。婚恋专家研究发现，没有目标和正当爱好的男人容易出轨寻找婚外刺激。人都有人性的弱点，都有一些原始欲望，比如贪欲等。这些"野兽"平时潜伏于内心身处，一有机会就想冲出来。有理想有追求的人，会冲淡、稀释一部分欲望，而且有理想有追求目标和爱好的人，无聊的业余时间要么没有，有么业余时间为爱好所占据，玩婚外情的时间相对会少。

没有追求和理想的人，又没有正当爱好，内心空虚，寂寞无聊，会寻找刺激、渴望艳遇和一夜情。有句古话叫做"无事生非"，一个人的空间和时间总要有一些东西来占领。

"我想去桂林呀，我想去桂林，可是有时间的时候我却没有钱。我想去桂林呀我想去桂林，可是有了钱的时候我却没时间。"这首歌说明人都有尝鲜或向往未知的想法，婚姻里的人也有"我想去桂林"，这个"桂林"就是婚外情。人要做到想去的时候"有时间的时候我却没有钱"，或者"有了钱的时候我却没时间"。有追求目标、有理想的人或者有爱好的人,就可能"有了钱的时候我却没时间";而配偶监督丈夫上交收入,就可以做到老公"有时间的时候我却没有钱"。

附录　书中部分诗歌

爱情大陆

高海拔地区环境优美，
低海拔地区米多鱼肥。
人们留恋美丽的家乡，
孔雀却喜欢东南飞。
房子是爱河的分水岭，
岭上常有河水高潮包围。
山区的人不会游泳，
平原的人擅长浪头扬威。

满耳都是甜言蜜语，
他们不讲普通话。
身上带着钻戒黄金项链，
捕猎不用弓箭刀叉。
放生多余的猎物，
却痴傻不懂回家。
多少米能换一条鱼呢？
春节要带一条见爸妈！

情人节的街头

求婚的男人无比虔诚,

单腿下跪两眼发光如同猎人。

海枯石烂的爱情,

却要花期数天的玫瑰证明。

爱你在心头口难开,

得有钻戒帮说出来。

情人节的街头,

有的人得到了钞票,

有的人收获了鲜花、钻戒,

有的人牵走了爱情,

他们都有同样的收入。

只有我没有失去也没有收获,

捧着一颗心来还带一颗心回去。

飘落的枫叶

第一次遇见你,

浅笑临春风,

是否等待我来哄?

你的心,我没有懂。

再次见到你,

一身青葱,

好想抚摸……

却只有冲动!

第三次见到你,

枝繁叶茂、绿色浓,

而我依然,

两手空空。

很久很久以后,

你决意、为初恋而红,

用尽、最后的力气,

飘落我怀中。

你我用激动,

温暖凛烈的寒风,

我怎么不去把你哄?

枫叶为何不开始就红?

爱情不是墨粉

他和她,距离产生美,

彼此图像多彩、清晰、烙印。

我和你,距离产生视线模糊,

彼此影像淡薄、消逝、远离。

再添加点墨粉吧,

身体复印欢声笑语。

再添加点爱情吧,

白天黑夜复印蓝天白云。

可是爱情不是墨粉啊,

还能复制多少太阳和星星?

佝偻了身体,佝偻不了爱情

握不住钻石的冰冷,

握得住你枯手的余温;

钻石璀璨夺目,

遮不了混浊眼光中的青春;

知道钻石细腻光滑,

还是喜欢你满身的皱纹。

昏花了眼睛，

可视线从未歪斜不正！

佝偻不了爱情，

即使佝偻了腰身；

互相摸索彼此的脸庞，

回忆往事不枉此生！

我的姑娘，想睡就睡吧，

如同往日那样撒娇放任。

石斛的守望

地贫石斛俏，

情多物欲少；

悬崖话风雨，

愿与山俱老。

好想好想

——中国人口统计报告,光棍汉有上千万

好想婚姻和爱情,

有一个足够大的市场;

好想国际贸易通畅,

都能领回外国新娘;

好想染色体重装,

多一个可嫁女少一个剩男。

好想有一个车间,

安装温柔和阳刚;

好想有一种标签,

贴上漂亮和健壮;

好想有一把黑板擦,

随时清除伤害和背叛;

好想牵手就不放,

再也不挤婚姻市场。

佛山与广州的距离

不是禅城到西关的距离，

是禅城与东山的距离。

不是二线城市与一线城市的距离，

是居住与工作的距离。

不是户籍的距离，

是普通话与白话的距离。

广佛同城，羊城通在佛山通用，

却是公交地铁与自驾车的距离。

不是二十公里的距离。

是我和她二人的距离。

佛山无影脚，

可以如影随形，

但始终，

形是形，影还是影。

咏春寸劲，

并非天下无敌。

（备注：1、禅城区为佛山市政府所在地；2、西关、东山为广州老城区，素有"西关小姐，东山公子"标配之说；3、羊城通为地铁公交卡；4、咏春寸劲为李小龙成名绝技，距离攻击目标很近，能在极短时间，爆发极强的攻击。）